우리는 왜 쉬지 못하는가

우리는 왜 쉬지 못하는가
— 쉼이 있는 삶을 위하여

이승원 지음

2022년 11월 21일 초판 1쇄 발행

펴낸이 한철희 | 펴낸곳 돌베개 | 등록 1979년 8월 25일 제406-2003-000018호
주소 (10881) 경기도 파주시 회동길 77-20 (문발동)
전화 (031) 955-5020 | 팩스 (031) 955-5050
홈페이지 www.dolbegae.co.kr | 전자우편 book@dolbegae.co.kr
블로그 blog.naver.com/imdol79 | 페이스북 /dolbegae | 트위터 @Dolbegae79

편집 김진구·허태영
표지디자인 김민해 | 본문디자인 이은정·이연경
마케팅 심찬식·고운성·김영수·한광재 | 제작·관리 윤국중·이수민·한누리
인쇄·제본 영신사

이 저서는 2021년 대한민국 교육부와 한국연구재단의 지원을 받아 수행된 연구임
(NRF-2021S1A5C2A03088606).

ISBN 979-11-91438-91-8 (03330)

책값은 뒤표지에 있습니다.

우리는 왜 쉬지 못하는가

쉼이 있는
삶을 위하여

이승원 지음

돌베개

차 례

● 서문 ― 나무 아래 의자 6

1 **왜 잘살려고 할수록
   불안해지는가?** ——————————————————— **19**

불안이 희망을 잠식한다 21 ▲ 왜 누군 잘 살기 위해 애쓰는데, 누군 삶을 포기하는가? 27 ▲ 우울과 불안이 팽배한 '자살사회' 30 ▲ 역설적 비극, '생계형 자살' 34 ▲ 자유라는 겉옷을 입은 소비라는 욕망 39 ▲ 버킷리스트로 둔갑한 상품목록 44 ▲ 상품이 되어선 안 되는 것이 상품이 될 때 49 ▲ 미래를 저당 잡혀 오늘을 포기하다 55 ▲ 하루아침에 벌레가 된 그레고르 잠자처럼 60 ▲ 잡힐 듯 잡히지 않는 욕망 63 ▲ 실업자, 이생망과 N포 세대, 오늘날의 호모 사케르 65 ▲ 잘살려고 할수록 불안해지는 아이러니에 어떻게 응답해야 할까? 68 ▲ '그리고 아무도 없었다', 개인과 사회의 공멸 71 ▲ '모두가 공범이다', 집단적 익명에 의한 타살 76 ▲ 살려달라고 말하니, 기다리라고 답한다 80 ▲ 스스로 자원을 활용하고 관리하는 능력 85 ▲ 자유롭고 존엄한 삶을 지속하기 위한 역량과 커먼즈 88 ▲ 어떻게 존엄성을 지키며 살 것인가 94

2 일과 소비에 대하여 착각하는 사람들 ——————————— 101

일이 욕망의 완성은 아니다 103 ▲ 노동이 결핍을 해결해준다?, '착각 노동' 판타지 109 ▲ 노동의 소외, 사물화 그리고 인간의 소외 117 ▲ 타인에게 버려지지 않기 위해 나를 버리다 122 ▲ 과잉 노동이 초래하는 결과 126 ▲ 공공재의 회복과 일상의 간단한 동선: 공공의료와 예방의학의 사례 132 ▲ 소비를 쉼으로 착각하는 현실 139

3 우리는 언제 편안함에 이를 수 있을까? ——————————— 143

통증의 기쁨, 불안의 슬픔 145 ▲ 나와 타인의 통증에 공감하기 152 ▲ 존재하기 위한 의지, 삶에 대한 의지 155 ▲ 자기결정권이 자기존엄성이다 161 ▲ "나는 쉰다, 그러므로 존재한다" 167 ▲ 쉼은 수동적 상태가 아닌, 적극적 행위다 173 ▲ 송철호와 이지안은 편안함에 이를 수 있을까? 175 ▲ '공생공락'을 위하여 184

4 빼앗긴 쉼을 되찾기 위하여 ——————————— 189

'오멜라스 사람들'이 사는 법 191 ▲ 공터, 우연한 마주침, 다름과 새로움의 가능성 194 ▲ 새로운 리듬의 변주, '정지 운동' 204 ▲ 거리로 나간 수많은 바틀비가 만들 세상 214

● **책을 마치며** 217

나무 아래 의자

풍경 하나,
느티나무와 의자

나는 2011년부터 남산에서 바라볼 때 서울로 흘러내리는 북한산 자락의 왼편, 서울 서북권에 위치한 은평구에 살고 있다. 은평구에서도 내가 사는 마을은 경기도 고양시와 접해 있으며, 서쪽으로 서오릉 가는 길과 이어지는 봉산烽山 작은 산줄기가 우리 마을과 고양시 화전동을 나누는 지리적 경계로 자리 잡고 있다. 국경선과 같은 이 산줄기 덕에 우리 마을은 오랫동안 변경으로 고즈넉할 수 있었다. 그러나 몇 년 전 이 자연지리적 경계의 한가운데를 큰 쇠기둥이 한번 푹 뚫고 지나간 듯한 터널이 만들어지면서, 이 고즈넉함을 거침없이 비웃듯 자동차 물결이 생기기 시작했다.

고즈넉함을 빼앗긴 산 아래 변경 아닌 변경 같은 마을에서 저 아래 지하철역까지 거리는 대략 1킬로미터 정도다. 내리막길을 걸을 때는 잘 모르지만, 하루 일을 마친 어깨에 피곤을 얹고 역에서 집까지 오르막길을 걸을 땐, 종일 쌓인 피로를 되새김질하는 듯하다.

그래도 에스컬레이터를 타고 올라가 지하철역을 빠져나가면, 언제나 가장 먼저 나를 반기는 풍경이 있다. 푸른 벌판 위 장엄하게 서 있는 몇백 년 된 아름드리 고목은 아니지만, 어른 몸뚱이만 한 기둥 위로 팔뚝보다 가는 가지들을 하늘 위로 쭉 뻗어 올려 수백 수천 이파리들을 펄럭이며 제법 큰 그늘을 드리우는 느티나무다. 그리고 그 옆으로 건장한 청년의 허벅지만 한 둘레를 가진 작은 나무들이 벗이 되어 서 있다. 이들이 저 위에서 땅을 향해 만든 그늘막은 제법 넓다.

사람들 틈에서 개찰구를 빠져나와 올라갈 때면 피곤을 싣고 언제 집에 가나 하는 마음에 축 처지다가도, 이 느티나무와 친구들을 보면, 왠지 반갑다.

"오늘 하루도 고생했어요. 어디 아픈 곳은 없나요? 맘 상한 곳은 없고?"

가지 사이 이파리들이 펄럭이는 소리가 적잖은 위로

로 다가온다. 이렇게 가지들을 쭉 뻗어 그늘을 만들어주는 나무들이 무수한 눈과 손으로 중생에게 자비를 베푸는 천수관음보살처럼 가끔 보이기도 한다. 덕분에 한여름 땡볕에도 그 근처는 자연스레 그늘막이 쳐지고, 역 출구에서 소나기가 나를 먼저 아는 체해도 이 천수관음보살 느티나무가 한동안 우산이 되어준다. 그리고 나무 아래 의자가 있다.

언제부터였을지는 모르지만, 적어도 10여 년 전 주상복합 고층건물이 들어서기 전부터, 어쩌면 이 마을에 제법 사람들이 모여 살기 시작했을 때부터 저 나무들은 마을의 어떤 정령처럼 자라 있었을지 모른다. 혹은 그럴듯한 전설 없이, 의무적인 녹지대 창출을 위해 관공서나 건물 시행사가 심어놓은 어린나무들이었을지도 모른다. 어떻게 심겼든, 고맙게도 나무들은 벌건 보도블록과 칠흑같은 아스팔트 틈 사이에 뿌리를 내리고, 씩씩하게 가지를 쭉 뻗어 올리면서 때가 되면 이파리를 피워 초록의 그늘을 드리운다. 이 나무들이 겪은 시련을 누가 알겠느냐마는, 그늘과 의자, 이것만으로 나무는 정령 같고 천수관음보살 같다.

낮 풍경은 출퇴근 시간과 조금 다르다. 이 나무들 밑동 둘레에는 네댓이 잠시 앉을 수 있는 곡선형 의자가 설치되어 있다. 천수관음보살의 따뜻한 온기와 자비심이 느껴져서일까? 의자에 앉아 있는 사람들의 표정은 피곤하면서도 조금은 안도감을 느끼는 듯 보인다. 손두부, 청국장, 인절미 등을 다소곳이 펼쳐 놓고 파는 행상 아주머님이 늘 그 곁을 지키고 계셨고, 조금 떨어진 곳에선 세월이 아픈 어르신 두어 분이 편의점 도시락을 펼친 채 일찌감치 막걸리를 비우실 때가 있다. 누군가에겐 눈살을 찌푸리게 하는 풍경일지도 모르지만, 나무는 바삐 지나는 이, 할 일 잃어 주저앉은 이, 누군가를 기다리는 이 모두에게 천 개의 손과 같은 가지로 그늘을 만들고 비를 막아준다. 코로나19 확진자가 폭증했을 때는 관공서에서 역 주변 의자들에 덮개를 씌워놓는 바람에 이 나무 밑도 적막했었다. 그나마 여기 모여 쉬던 분들은 어디에서 힘든 나날을 버티셨을까?

역 주변엔 쉴 수 있는 아기자기한 카페도 많이 있지만, 천수관음보살 밑 의자에 앉을 땐 음료를 주문하기 위해 지갑을 열 필요도, 지갑 속에 쓸 돈이 얼마가 있는지 염려할 필요도 없다. 넓은 야외공원에 나무 그늘 없이 전시품처럼 설치된 의자들이나 그늘 밑 쉴 의자 없이 홀로 선 나무들처럼 역 주변 나무와 의자가 서로 떨어져 있었다면, 그 풍경은 지금과 사뭇 달랐을 것이다.

풍경 둘,

집으로 가는 두 갈래 길

역 계단을 올라와 나를 반
기는 나무 밑을 지나고 나면, 아무리 고단하고 지쳐도 어
떤 편안함을 느낀다. 언덕 위 집까지 걸어갈 힘은 덤이다.
하지만 사거리에 있는 건물 모퉁이를 돌면 상황이 달라
진다. 약국, 치킨집, 어물전, 두부 가게, 휴대전화 매장, 옷
집, 제과점, 꽃집, 아이스크림 가게, 과일 가게, 카페 등이
연이어 나타난다. 그 중간쯤 버스정류장 앞에는 나보다
더 먼 언덕길을 올라가야 하는 사람들이 자연스레 무리를
지어 환승 버스를 기다린다. 예고 없이 비라도 쏟아지면
사람들은 가게 앞 좁은 처마 밑으로 서둘러 자리를 옮기
곤 한다. 그늘막도, 의자도 없는 복잡한 버스정류장 풍경
은 모퉁이 돌기 직전 천수관음보살 나무 밑 의자가 있는
풍경과 사뭇 다르다. 사람들이 잠시라도 피곤을 내려놓을
곳은 없어 보인다.

버스정류장 인파를 지나면, 조금씩 가팔라지는 언덕
길을 걷게 된다. 봄가을에 걷는 이 길은 운동이려니 하지
만, 어느덧 더 길어지고 뜨거워진 여름철 이 길을 오르기
란 그리 녹록지 않다. 장터가 펼쳐진 듯한 길 위에는 바퀴

달린 장바구니를 끌고 다니시는 노인들도 적잖이 눈에 띈다. 천수관음보살 같은 나무 그늘과 그 아래 의자가 간절해지는 힘든 구간이다.

여기서 흥미로운 것은 이삼백 미터 지나면 나타나는 서로 다른 풍경의 갈림길이다. 왼쪽은 원래 길이 대로변 상가를 따라 이어지는 길이고, 오른쪽은 집으로 가기 전 아랫마을로 들어서는 길(우리 마을과 아랫마을을 나누고 있는 경계이자 2차선 도로로)이다.

대로변 왼쪽 길은 버스정류장에서부터 걸어온 길과 별반 다르지 않아 보인다. 고깃집, 안경점, 병원, 약국, 자전거포 등 여러 점포가 나란히 열려 있다. 간혹 간이 호프집에서 내놓은 플라스틱 탁자와 의자에서 잠시 쉬고 싶지만, 뭔가 주문하지 않으면 안 될 것 같아서 섣불리 앉지는 못한다. 시원한 얼음 커피를 파는 카페도 두 군데 정도 있다. 카페 유리창 안쪽은 보기만 해도 에어컨이 돌아가는 것이 느껴질 만큼 시원해 보인다(호프집과 카페는 이 책을 쓰는 새에 문을 닫았다). 하지만 그 안으로 들어가려면 지갑부터 확인해야 한다. 커피 한잔 못 사면서 카페 의자에 잠시 앉아 쉰다는 것은 상상하기 어렵다. 이런저런 분위기로 왼쪽 길은 힘들기도 하지만 외롭기도 하다. 의자에 앉아 쉬는 사람들과 쉬지 않고 걸어야 하는 사람들 사이에는 서로를 갈라놓는 장벽이 있어 보인다. 지갑이 가

볕고 시간에 쫓기는 사람에겐 카페 유리창 안 시원한 에어컨 바람 속 의자가 있는 공간은 왠지 국경 너머 낯선 곳처럼 보인다.

마을로 들어서는 오른쪽 길 풍경은 왼쪽 길과는 다르다. 오랫동안 카센터였다가 카페로 새로 단장한 가게와 또 다른 고깃집을 끼고 오른쪽 길로 들어서면 100미터도 채 못 가 마을 놀이터가 나온다. 놀이터에는 저녁 무렵에도 아이들이 놀고 있고, 이들을 지켜보는 부모들이 놀이터 주변 의자에 앉아 있다. 마실 나오신 마을 노인들에게는 큰 나무가 둘러싸고 있는 놀이터 의자는 오래전 고향 집 근처 정자나 원두막과 같을지 모른다. 혹은 20여 년 전까지만 해도 마을의 내비게이션 역할을 했던 복덕방이나 구멍가게 앞 누구나 걸터앉을 수 있었던 평상일지 모른다. 청소년들은 삼삼오오 모여 서로 툭툭 장난치면서 낄낄거리거나 큰 웃음을 터뜨리곤 한다. 놀이터 한쪽 떡볶이, 튀김, 어묵 등을 파는 가게는 나도 종종 즐기는 동네 사랑방이다.

집으로 가는 언덕길이 가파르지만, 놀이터 안쪽 나무 그늘과 의자, 그리고 그곳에서 쉬고 있는 사람들이 담긴 풍경에는 천수관음보살이 겹쳐 보인다. 생수나 얼음 커피를 사야 하는 고민 없이 언제든 잠시나마 편히 쉴 수 있어서다. 가끔 놀이터 의자에 앉아 아이들이 노는 풍경을 즐기곤 한다. 치열했던 일터가 나를 달군 용광로였다면, 이곳은 달궈져 무른 철을 식혀주는 찬물과 같다. 담금질을 통해 철이 단단해지듯 쉬면서 강해진다. 아무리 무더운 여름철이라도 이곳을 지나면 집까지 남은 언덕길을 오를 힘이 한 번 더 생긴다. 코로나19가 우리를 짓누르던 상황에서도 이 놀이터는 산소호흡기와 같았다. 딱히 넓은 공원이 없는 우리 동네에서 틈새에 세워진 놀이터는 비단 어린이뿐만 아니라 마을 주민 전체에게 숨 쉴 틈을 준다.

이제 동네 골목골목 작은 카페들이 때로는 공원이나 놀이터, 때로는 공부방, 그리고 때로는 작은 공론장 같은 역할을 하게 되면서 삶의 중요한 공간으로 자리 잡았다. 이 카페들이 제공하는 차 한잔의 휴식은 결코 낭비가 아니라, 사라져서는 안 될 소중한 위로가 되기도 한다. 그래서 치킨집, 편의점만큼 빠르게 증가하는 소규모 카페들이 제 살 깎아먹기식 가격 경쟁과 낮은 수입으로 힘들어하는 모습을 보면 너무나 안타깝다. 지갑 걱정 없이 쉴 수 있는 공간을 바라지만, 길가에 공용의자들이 많아지면 사람들이 길가 의자에 앉아 편의점 커피를 마시게 되면서 소규모 카페들의 매출이 줄어들 것도 걱정이다. 다만 어느 한쪽이 나아지려면 어느 한쪽이 가라앉아야 하는 그런 우울한 현실이 아닌, 놀이터도, 카페도, 편의점도, 거리의 의자도 함께 어우러지는 풍경을 상상할 뿐이다.

위기의 시대, 아니 절멸의 시대가 도래했다고 한다. 기후 비상사태, 에너지·식량·경제 위기, 사회경제적 불평등, 약자들의 희생을 강요하는 후퇴한 민주주의가 일상을 무너뜨리고 있다. 많은 사람들이 체감을 넘어 실제로 고통을 느끼고 있다. 이제 행동을 해야 한다고들 한다. 이런 이유로 지쳐 있는 사람들에게 더 힘찬 행동이 필요하다는 외침이 여기저기서 들린다. 그러나 행동은커녕 하루하루 일상에 찌들어버린 우리에게 당장 걸터앉아 쉴 수 있는 의자조차 찾기 힘들다. 이 위기의 시대를 이겨낼 수 있는 힘은 반복되는 일상의 탈진으로부터 벗어나는 데에서 시작되지 않을까? 좋은 의자까지는 아니어도, 지갑을 뒤적거리지 않고 누구 눈치 볼 필요 없이 조금 힘들다 싶으면 편히 앉아 쉴 수 있는 의자는 없는 것일까? 교육 수준이나 학벌, 재산 규모, 인종, 종교, 성적 정체성, 문화적 취향, 정치적 견해, 하다못해 사는 동네나 부모의 직업이 무엇이든 상관없이, 우연히 마주쳐 함께 앉아 잠시 서먹하다가도 서로 안부를 묻고, 위로와 힘을 건네고, 덕담을 나누고, 언젠가 다시 만날 날을 기약하며 헤어질 수 있는, 혹은 같은 방향을 향해 걷기 위해 잠시 쉴 수 있는 그런 의자는 이제 사라진 것일까?

단순할지 모를 이 질문의 답을 찾기 위해, 나는 불안이 희망을 압도하는, 그래서 생명을 돌보지 못하는 오늘날 우리 사회의 우울한 단면을 '자살'이라는 현상을 통해 먼저 살펴볼 것이다. '쉼'과 정반대편에 있는 자살에서 시작해, 자살이 늘어가는 이 사회에 가득 찬 불안의 내부를 들여다보려 한다. 불안의 원인이 무엇인지 알 때, 우리는 공포영화의 주인공처럼 그 원인과 마주해도 더 이상 뒤로 밀리지 않을 수 있기 때문이다. 그리고 나는 우리 삶에서 '의자'가 왜 필요한지, 어디에 있는지 스스로 답을 구하기 위해 '존엄한 쉼'의 의미를 찾아 나서고자 한다. 이 과정에서 존엄한 쉼이 우리의 존재를 지속시킨다는 의미를 담은 표현, "레퀴에스코 에르고 숨"Requiésco ergo sum(나는 쉰다, 그러므로 존재한다)이 나왔다. 그리고 이를 실현하는 방법으로 공공재, 커먼즈, 자기결정권, 자원접근성 등의 개념을 발전시켜볼 것이다.

이 책에서 이야기하는 쉼이란 단지 개인의 행위나 결심에 머무르지 않는다. 우리는 함께 '의자'를 만들어야 하고, 함께 쉼을 상상해야 한다. 이 의자는 힘 있는 자가 독점하거나 힘이 없다고 해서 밀려나는 자리가 아닐 것이다. 의자에 앉으려면 잠시 멈춰야 한다. 잠시 멈춘다는 것은 또 다른 여정을 위한 시간이 되기도 하는데, 이와 관련해 '정지 운동'에 대해 이야기하고자 한다.

정지停止, 즉 멈춘다는 것은 그냥 힘을 빼고 쉬는 것만을 의미하지 않는다. 멈추기 위해서는 관성에 대한 반작용만큼의 힘, 습관처럼 나아갔던 발걸음을 멈추게 할 수 있을 만큼의 힘이 필요하다. 그래서 정지는 아무것도 하지 않는 것이 아닐뿐더러, 새로운 힘을 모으는 운동이기도 하다. 멈추는 힘은 새로운 방향을 전제로 하지 않는다. 그래서 멈추는 힘은 특정 집단이나 계층에게서 나온다기보다는, 지금 자신을 어디론가 밀고 가는 어떤 힘의 속도와 방향에 불안과 고통을 느끼는 사람 모두에게서 비롯된다. 그렇게 가던 길을 멈추고자 하는 이들은 함께 길을 걷던 서로에게 기대서야 발걸음을 붙잡을 수 있을 것이다. 관성에 제동을 걸기 위해서는 누군가가 나의, 내가 누군가의 발걸음을 멈추게 하는 의자가 되어주어야 하기 때문이다.

살아가면서 마주치는 사람들에게 경쟁의식과 의심보다 연민과 공감을 느끼는 순간, 정지 운동은 시작될 수 있다. 그리고 정지 운동과 함께, 우리는 그동안 왜 제대로 쉴 수 없었는지, 아무런 저항도 하지 못한 채 왜 정해진 방향으로 가속화되면서 밀려가기만 했는지 반성함으로써 새로운 세계를 상상할 수 있을 것이다. 우리가 꿈꾸는 세상에는 기꺼이 자리를 내주는 빈 의자들이 곳곳에 있기를 바란다.

왜 잘살려고 할수록
불안해지는가?

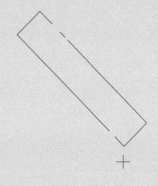

자살은 어떤 의미에서 그리고 멜로 드라마에서처럼 하나의 고백이다. 그것은 삶을 감당할 길이 없음을, 혹은 삶을 이해할 수 없음을 고백하는 것이다. (…) 그것은 '굳이 살 만한 것이 못 된다'는 것을 고백하는 데 불과하다.

— 알베르 카뮈, 『시지프 신화』, 책세상, 1997, 18쪽.

불안이 희망을
잠식한다

우리가 사는 세상, 일상의 공간에서는 수많은 희로애락과 생로병사의 순간들이 끊임없이 나타나고 사라진다. 정치 지도자들의 진지한 언변과 윤리적 태도가 그 어느 것보다도 근엄하게 여겨지곤 하다가도, 사적이고 비밀스런 영역에선 이런 근엄함에 대한 비웃음이 넘쳐난다. 한편에선 광장, 시장, 번화가, 한적한 골목 어디에도 법과 제도가 한 치의 빈틈도 내주지 않고, 누군가가 설정한 알고리즘algorism이 디지털화된 움직임과 욕망을 어디론가로 끌고 가는 것만 같다. 하지만 다른 한편에선 그 법망과 정치권력, 디지털 감시망이 아직 미치지 못하는 야생과 자유가 꿈틀거린다.

희로애락과 생로병사, '통치'와 '자유'라는 것이 사람의 삶에 늘 얽혀 있다 보니, 뭔가 잘 안 돼도 '셀라비'C'est la vie를 외치거나, 힘들어도 운명을 사랑하자고 '아모르 파티'amor fati를 읊조릴 수 있다. "그래, 인생은 아름다운 거야! 그래도 삶은 더 좋아질 희망이 있을 거야!" 하지만 삶이 만만치 않다. 당장 갚아야 할 대출이자, 각종 공과금, 병원비, 교육비, 매번 오르는 전월셋값, 취업난, 돌봐야 할 가족 등을 생각하면, 저런 주문을 외운다 해도 온몸의 피부와 폐부에 스민 불안은 사라지지 않는다. 나아가 기후 재난이나 전쟁, 경제 침체까지 떠올리면 불안이 개인은 물론 사회 전체를 덮어버린 듯하다는 느낌마저 든다.

몇 년 전, 마을활동가 30여 명과 함께 '4차 산업혁명과 민주주의'에 대한 이야기를 나눌 기회가 있었다. 4차 산업혁명이 2016년 스위스 다보스 포럼에서 주요 화두로 다뤄졌고, 한국 정부에서도 이를 특별히 다루는 정책과 담당 부처를 신설한 것이 그 대담의 배경이었다. 어느 날 갑자기 지옥불 앞에 서 있는 인류를 구원할 것처럼 요란하게 등장한 '4차 산업혁명'이기에, 도대체 이것이 무엇인지 그리고 어떤 영향을 미칠지 참가자들 모두가 궁금해하고 있던 차이기도 했다. 특히 인공지능 바둑 프로그램 '알파고'가 천재 바둑기사 이세돌을 쉽사리 이기는 모습이 생중계되었을 때, AI를 앞세운 4차 산업혁명은 지금 당장 벌어지는 일처럼 느껴졌다. 5세대 정보통신기술이 실현 가능성을 높인 자율주행 자동차와 원격 의료 시스템은 다가올 미래 사회에 대한 상상 그 이상을 기대할 수 있게 하기도 했다. 마을활동가들과 함께 대략 이런 내용을 나누는 동안, 두 가지 질문이 우리 앞에 던져졌다.

"인공지능 로봇이 우리의 힘들고 위험한 노동을 대신하고, 태양광 자율주행 자동차가 우리 삶의 질을 비약적으로 높일 수 있다고 하는데, 우리의 불안은 왜 계속되는 걸까요?"

"로봇이 지긋지긋한 노동을 대신해 이제 누구나 놀고 쉬면서 재미있는 삶을 누릴 수 있다면, 우리는 4차 산업혁명에 환호성을 질러야 하지 않을까요?"

SF소설의 대가 아이작 아시모프 Isaac Asimov가 로봇에 대해 이야기한 단편소설집 『아이, 로봇』 I, Robot에는 인간과 로봇이 이상적으로 공존하기 위한 '로봇 공학 3원칙'이 나온다.

제1원칙 　로봇은 인간에게 해를 입혀서는 안 된다. 그리고 위험에 처한 인간을 모른 척해서도 안 된다.

제2원칙 　제1원칙에 위배되지 않는 한, 로봇은 인간의 명령에

복종해야 한다.

제3원칙   제1원칙과 제2원칙에 위배되지 않는 한, 로봇은 로봇
자신을 지켜야 한다.

이 세 가지 원칙만 잘 지켜진다면, 인공지능 로봇은
인간의 힘든 노동을 대신할 것이고 철저히 인간의 행복
을 위해 설정된 프로그램에 따라 행동하게 될 것이다. 그
렇다면 마을활동가들과 나 사이에 놓인 저 질문들은 그리
심각한 고민거리가 아니다. 우리는 불안해할 필요 없이, 4
차 산업혁명이 가져올 미래를 설레는 마음으로 기다리기
만 하면 된다.

로봇 공학 3원칙 속에서, 우리는 로봇이 노동을 대신
함으로써 얻게 되는 시간과 서비스를 즐기며 드디어 전쟁
과 재앙의 인간사를 끝내고, 놀이와 휴식이 삶의 전체인
참다운 호모 루덴스Homo Ludens로서의 삶을 시작할 수 있
을 것이다. 친구들과 여행 계획을 짤 때 낄낄거리며 즐거
운 상상을 하듯, 우리는 그 지긋지긋한 출퇴근, 상사와의
회의, 초과 근무, 힘겨운 돌봄 노동에서 벗어나 로봇의 노
동을 통해 마련되는 풍요로운 시간과 세련된 서비스 속에
서 자유로운 인생을 신나게 그려볼 수 있을지 모른다. 큐
드럼Q-drum이나 생명 빨대life straw 같은 단순한 적정기술
제품 히니로도 물 부족으로 삶이 황폐해진 아프리카 어느

지역 주민들의 삶의 질을 (잠시라도) 훨씬 높여줄 수 있다고 하는데, 하물며 이세돌마저 이겨버린 인공지능 로봇이라면, 거기에 더 이상 집 걱정 없이 석양의 서울에서 일출을 품은 강릉으로 마법의 담요처럼 데려다줄 태양광 자율주행 자동차가 있다면, 우리가 기대할 만한 행복의 크기는 말할 것도 없지 않을까?

하지만 앞에 놓인 질문들에 대해 그 자리에 모인 사람들은 행복한 상상을 그리 적극적으로 펼치진 못했다. 그 이유는 간단했다.

"그 인공지능 로봇과 태양광 자율주행차는 살 엄두를 못 낼 정도로 비쌀 거라 어차피 내 것으로 사용할 수 없다고 생각해서가 아닐까요?"

아시모프의 로봇 공학 3원칙이 무색해지는 답이다. 문제는 로봇 공학 3원칙이 잘못되었거나, 로봇을 제대로 제작하지 못하는 데 있는 것이 아니다. 바로 로봇과 태양광 자율주행차를 누가 소유하고 사용할 수 있는가가 문제다. 인공지능 로봇이든 태양광 자율주행차든 생활비 빠듯하고 대출금 갚기 바쁜 사람들이 조금만 더 돈을 모은다고 쉽게 사기는 어려울 것이며, 결국 이것들은 분명 소수만이 소유할 수 있는 새로운 부의 상징이 될 것이다. 누군가 이것들을 구입해 사용하는 것을 보게 되면, 오히려 희망보단 박탈감, 이른바 '벼락 거지' 느낌만 들 수도 있다.

최첨단 로봇과 자동차를 구매할 수 있을 정도로 돈이 넉넉한 사람들도 이 제품들에 대한 호기심은 들지 몰라도 구매욕은 그리 절실하지 않을 수 있다. 부자들에게는 이것들이 없는 지금도 이미 자신들의 일을 대신 해주는 사람들이 있고, 그 덕에 동해안 일출은 원한다면 언제든지 보러 갈 수 있으니까 말이다. 돈 많은 기업가라고 해도 돌봄, 가사, 건설, 제조, 유통 등 여러 노동 현장에서 노동자에게 사용하는 교육, 임금, 노무관리, 보험처리와 관련된 비용보다 이들을 대신한 로봇 구입과 관리 비용이 더 든다면, '플렉스'가 목적이 아닌 이상 비싼 로봇이나 태양광 자율주행차에 큰돈 쓸 생각은 하지 않을 것이다.

하지만 이 첨단 신상품 구입비와 유지비가 인건비와 노무관리 비용보다 싸다면 상황은 달라진다. 노동자는 다니던 직장에서 해고되고, 근로계약서가 없어도 되는 로봇이 그 자리를 대체할 수 있다. 4차 산업혁명이라 해도 실업 상태를 노동해방 상태로 탈바꿈시키진 못할 것이다. 4차 산업혁명 시대, 여전히 희망과 불안이 교차한다. 아니, 불안이 희망을 노골적으로 잠식한다.

왜 누군 잘 살기 위해 애쓰는데,
누군 삶을 포기하는가?

최첨단 기술의 발달이 인류의 생로병사 문제를 해결하고, 가난과 차별을 해소할 수 있을지는 누구도 장담할 수 없다. 18세기 중엽 영국에서 산업혁명이 시작된 이래, 지금까지 네 번에 걸쳐 산업혁명이 일어났다고 한다. 증기기관이 산업혁명을 태동시켰다면, 전기와 석유는 산업혁명의 새로운 국면을 만들었다. 20세기 후반 급속도로 발전한 컴퓨터와 인터넷 기술은 이전과는 전혀 다른 산업혁명의 시대를 열었다. 그리고 정보통신기술과 디지털 네트워크를 이끌어가는 인공지능의 발전은 인류, 아니 지구 전체를 네 번째 산업혁명의 시대로 이끌고 있다.

새로운 산업혁명의 시기마다 놀라운 생산기술력을 목격한 사람들의 더 좋은 삶에 대한 기대는 엄청나게 컸을 것이다. 하지만 1차 산업혁명이 일어난 18세기 중반부터 21세기 초까지 200여 년에 걸친 산업화 시기 전 세계 경제적 불평등의 경향을 분석한 결과를 보면, 기술의 발전과 산업화가 인류를 가난과 불평등으로부터 구하고 있는지는 분명치 않다. 오히려 결과는 우리의 기대를 저버리고 있다.

토마 피케티Thomas Piketty와 함께 불평등 연구자로 잘
알려진 브랑코 밀라노비치Branko Milanovic의 연구는 공교롭
게도 산업혁명의 차수가 늘어날수록 지니계수로 표현되
는 불평등이 감소하기는커녕 오히려 증가하고 있음을 통
계로 보여준다. 1820년 전 세계 불평등 수치는 43.0이었
지만, 2002년에는 무려 70.7로 증가한다. 토마 피케티의
연구 또한 1980년 이후 미국, 유럽, 중국, 러시아, 인도,
일본 등 대다수 나라의 불평등이 계속 증가하고 있음을
보여준다. 2022년 세계 불평등 보고서의 조사에 따르면
한국 전체 소득 45퍼센트 이상을 상위 10퍼센트 집단이
차지하고 있으며, 그 부는 계속 증가하고 있다고 한다. 이
런 통계 수치만 보더라도, 가난과 불평등은 자원 부족이
나 기술의 한계 때문에 발생하는 문제가 아니라, 인간의
의지와 이 의지가 투영된 전 세계 정치·경제 구조와 실천
의 문제임이 분명하다. 그렇다면 우리는 계속해서 불안이
희망을 잠식하도록 내버려둘 수밖에 없는 것일까?

우리에게 미래는 희망과 불안, 호전과 악화가 뒤섞인
채 다가온다. 누군가는 최첨단 의료기술과 과학장비가 더
길고 더 나은 삶을 가져다줄 미래를 꿈꾼다. 많은 정부 관
료와 기업가들은 인공지능과 사물 인터넷, 각종 웨어러블
과 원격 기술, 그리고 이것들을 버무린 '스마트 시티'smart

city가 질 높은 삶과 불안 없는 미래를 가져올 것이라고 입을 모은다. 그러나 한편에서는 수많은 사람들이 스스로 목숨을 끊는 현상이 계속 벌어지고 있다. 한국은 OECD 국가 중 가장 높은 자살률을 보여준다. 자살뿐만 아니라 혐오를 앞세운 범죄, '위험의 외주화'로 인한 구조적 살인과 사회적 재난도 빈번하게 일어난다. 생존을 위한 가계 대출 규모는 이미 치명적인 위험 신호를 보내고 있다. 이 사회의 미래에 대한 예감에는 기대감과 비관이 공존한다.

불안에서 벗어난 어떤 평안을 위해, 사람들은 최신 캠핑도구와 등산장비를 SUV차량에 싣고 천연의 삶을 즐기러 산으로 들로, 강과 바다로 떠나곤 한다. 웰빙well-being, 행복happiness, 건강fitness의 뜻을 모두 담은 단어 '웰니스'wellness는 21세기 신종 산업을 상징할 뿐만 아니라, 우리 일상의 철학이자 생활양식이 되었다. 노후 연금, 양육에서 벗어난 중년의 목가적 삶, 가족과 이웃이 함께하는 품격 있는 주택, 고가의 빈티지와 최첨단 디지털 제품은 '왜'가 아니라 '어떻게' 사는가에 대한 21세기형 답을 주는 듯하다. 사람들은 그래서 오늘도 열심히 일하고, 일하려 한다.

웰니스 열풍의 반대편, 2003년 카드 대란 이후 한국 사회에서는 자살이 급격히 늘어났다. 자살률은 이후 18년 이상 계속 증가 추세를 보였다. 오랜 시간 동안 매일 평균

30여 명이 삶을 비관하며 목숨을 끊고 있었다. 스트레스성 성인병 환자 수도 함께 증가했다. 한쪽에서는 '생명'과 '건강함'이 거대 산업과 생활양식의 유행을 선도하며, 이 화려한 인간 세상의 행복을 만끽하기 위해선 건강하게 오래 살아야 한다는 선전이 끊이지 않는다. 그러나 다른 한편에선 그런 행복을 먼발치에서 남 일처럼 바라보며, 증오와 절망 속에서 스스로 혹은 가족과 함께 목숨을 끊는 사건이 여전히 끊이지 않고 발생한다.

우울과 불안이 팽배한
'자살사회'

자살은 삶의 실패와 붕괴만을 의미하지 않는다. 그것은 영혼의 가장 깊은 곳에서 우러나오는 가장 원초적인 고백이다. 또한 어떤 대상을 향한 절규이기도 하다. 알제리 출신 프랑스 작가 알베르 카뮈Albert Camus에 따르면 자살은 '삶을 감당할 길이 없음'을 고백하는 것이다. 결국 왜 살아야 하는지 도저히 이해할 수 없다는 고백이라는 것이다. 따라서 자살은 오늘날의 저 화려한 현실을 감당하기 힘들다는 고백일 수 있다.

무한히 발전할 것만 같은 과학기술의 진보, 무병장수, 힐링, 웰니스 등 이 모든 것들이 아무 쓸모 없다고, 아니 차라리 없는 것이 낫다고 조롱하는 가장 극단적으로 '강요된' 자유의지가 바로 자살일지 모른다.

카뮈가 말하듯, 자살은 '삶이 살 만한 가치가 있느냐 없느냐를 판단하는' 근본적인 문제를 제기한다. 사실 자살은 어느 시대든 가장 까다로운 골칫거리이기 때문에 화두로 삼기에는 너무 무거울 수밖에 없다. 하지만 생명과 정반대면서 생명과 직결된 자살을 먼저 다루지 않고 '쉼'을, 그리고 삶의 '존엄'을 말하는 것 또한 쉽지 않다. 적어도 지금 우리가 살아가는 이 우울하고 불안한 세상에서는 더 그럴 것이다.

자살 시도자의 증가는 각종 범죄 피해자의 증가만큼, 어쩌면 전쟁기만큼 사회가 위기에 처했다는 절박한 신호다. OECD 국가 중 자살률 1위는 2018년 리투아니아를 제외하면 한국이 연속해서 기록해왔다. 참고로 리투아니아는 2018년에 OECD 회원국으로 가입했다. 해마다 우리나라에서 1만 3,000명 이상이 자살로 사망하고 있으며, 이는 산술적으로 매일 35명 이상이 스스로 목숨을 끊는다는 것이 된다. 우리가 친구들과 수다를 떨고, 일하고, 게임을 하고, 밥을 먹고, 잠자는 사이, 국회의원들이 민생을 위해 입법 활동을 '열심히' 하고, 대기업 총수들이 '국가

경제 성장'을 위해 정부의 지원을 호소하는 사이, 전국적으로 매시간 한두 명이 돌아올 수 없는 강을 건너고 있다는 말이다.

2020년 현재, 자살(고의적 자해)은 암, 뇌혈관 질환, 심장 질환에 이어 우리나라 사망 원인 중 4위다. 폐렴을 앞질렀고, 당뇨병보다 사망률이 높다. 40대 이상의 사망 원인 1위가 암이지만, 10대와 30대 사이 사망 원인 1위는 자살이다. 40대와 50대에서도 자살은 사망 원인 2위를 차지하고 있다. 2020년 한 해 자살 사망자 수는 총 1만 3,195명으로 1일 평균 사망자 수는 36.1명이다. 이에 비해 코로나19로 인한 사망자 수는 2020년 1월 코로나19 최초 감염자가 나타난 이후 2022년 9월까지 약 2만 7,000명이었다.

통계청이 한국의 자살률을 본격적으로 작성한 1983년부터의 기록을 살펴보면, 1996년까지 평균 자살률은 연간 10만 명당 10명 정도를 유지했다. 그러나 1997년 IMF 금융위기 사태를 겪으면서 자살률은 빠르게 치솟았다. 수조 원의 경제적 가치가 있었다는 한일 월드컵이 열린 2002년 이후에는 한 번 더 급등해, 자살률은 결국 10만 명당 약 30명에 달하는 수준에 이르렀다. 코로나19를 겪으면서는 청년과 여성의 자살률이 특히 높아졌다고 한다. 사회적 격리 상황에서 여성에게 부과된 가사 노동과 육아와 더불어 가정폭력, 일자리 상실 등이 주요 원인일 것이다.

어떤 이유로든 자살이 끊이지 않고 늘어나는 사회는 불안이 잠식한 사회다. 이 불안은 웰니스라는 욕망의 좌절과 연결되어 있기도 하다. 웰니스는 지금 살아 있는 것이 지금 죽는 것보다, 그리고 지금 삶을 포기하는 것보다 훨씬 낫다는 믿음 위에 있다. 그러나 건강하고 여유로운 삶이라는 웰니스가 자기성찰과 마음의 문제인 것만이 아니라, 많은 상품들과 이 상품을 구매할 경제적 능력이 뒷받침되어야 한다는 현실에 직면하게 되면, 웰니스에 대한 욕망이 커지면 커질수록 삶은 불안해지게 된다. '벼락 거지'라는 말은 이런 상대적 불안이 잠식한 삶에 대한 냉소적 표현일 것이다.

자살과 함께 사회의 불안한 현실을 드러내는, 우울하고 가슴 아픈 또 다른 디스토피아적 징후가 확산해 있다. 바로 부모나 자식 혹은 가족을 살해하는 참극이다. 친족 살해를 저지른 이유는 아이가 소변을 못 가린다거나, 노부모가 식사를 제대로 못 한다는 등 단지 자신의 사생활에 방해가 되어서였다. 이러한 살해 동기는 가족이라는 관계, 즉 사람이 성장하고 공존하는 가장 기본적인 의미조차 부정하는 것이어서 사회를 더욱 충격에 빠뜨렸다 (사실 많은 경우 이런 히스테리 반응의 원인은 사적인 갈등과는 전혀 다른 차원의 복잡한 사회경제 구조적 문제에서 찾아지곤 한다). 이런 참극을 목격하게 되면, 우리를 둘러싼 공동체가 서로를 돌보고 위로하는 삶의 둥지가 아니라, 오히려 억압하고 소외시키는 어떤 족쇄나 고삐처럼 느껴지기도 한다. 오래전 회자되었던 무서운 이야기 중에 이런 이야기가 있다. 엄마와 어린 자식이 함께 손을 잡고 집으로 오르는 엘리베이터를 탔다. 단 둘이 있는 엘리베이터 문이 닫힌 후, 아이는 엄마를 바라보며 빙긋 웃는다. 그때 엄마는 말한다. "내가 지금도 네 엄마로 보이니?" 가장 믿을 만하고 편안한 관계라고 여겼던 가족이 위협적인 존재로 뒤바뀌는 순간이 가장 공포스러울 수 있음을 보여주는 이야기다.

역설적 비극, '생계형 자살'

자살의 사회·경제·문화적 원인을 망라해 복합적으로 연구한 천정환의 자살 연구(『자살론-고통과 해석 사이에서』, 문학동네, 2013)는 많은 생각거리를 던진다. 천정환은 오늘날 우리 사회의 자살 현상을 다른 시대의 자살과는 달리 '생계형 자살'이라고 한다. 역설적 표현이지만, 삶을 위해 죽음을 택한다는 것이다. 생즉사 사즉생生卽死 死卽生, 지금 이 평범한 일상이 임진왜란과 같은 전란 한가운데의 삶과 다를 바 없다는 말인가? 꽃 같은 청춘을 바쳐 간신히 취직해 생계비를 벌기 시작했는데 결국 누군가는 죽음을 선택한다. 삶을 버리는 것이 사는 것보다 더 낫다는 것일까? 세계 10대 경제대국임을 자랑하고 1인당 국민소득 3만 5,000달러 시대의 한국 사회에서 불안정한 삶 때문에 자살한다는 것은 어떤 의미일까?

허리가 끊어질 듯 힘든 노동이라도 안전하게 하루 일을 마치고 퇴근할 수 있고, 사랑하는 사람들과 함께 살아갈 기본적인 삶이 보장된다면 삶은 버틸 만한 것일지 모른다. 그러나 과도하고 위험한 노동으로 인해 삶은 견딜 수 없는 노역으로 전락했고, 생계비를 번다고 해도 질기고 질긴 채무 관계의 늪에서 벗어나지 못하는 경우가 많이 있다. 그렇게 일할수록 절망이 깊어가는 불행한 삶의 도착지 중 하나가 생계형 자살이 되고 말았다. '사즉생'을 꿈꾸며 '생즉사'를 해야 하는 역설적 비극에서 어떻게 벗어날 수 있을까?

자살 현상이 오늘을 사는 우리에게만 다가온 문제는 아니었다. 1930년대 헝가리 부다페스트, 연이은 자살자들의 손에는 레죄 세레쉬Rezső Seress가 작곡하고 라슬로 야보르László Jávor가 작사한 〈글루미 선데이〉Gloomy Sunday 악보가 쥐어져 있었다. 혹은 이 곡을 언급한 유서가 남아 있었다고 한다. 자살할 당시 이 음악이 흘러나왔다는 이야기가 호사가들의 입에서 오르내렸다. 파리의 어느 공연장에서는 〈글루미 선데이〉 연주 직후 연주자들이 연달아 스스로 머리에 총구를 대고 방아쇠를 당겼다고도 한다. 헝가리 정부는 결국 이 곡을 금지했다. 이 이야기가 실제 있었던 일이든 도시전설이든 당시 헝가리 사회가 높은 자살률을 기록하고 있었던 것은 사실이다. 아마도 그 자살률은 1차 세계대전과 독일 나치의 탄압이라는 슬픈 현대사를 배경으로 하고 있었을지 모른다. 이후 헝가리의 자살률은 계속 증가해 1980년대 자살률이 10만 명당 40명을 넘어섰지만, 이후 감소하면서 2005년에는 21명 수준으로 내려갔다. 이때 이미 한국의 자살률은 헝가리와 자리를 맞바꿔 25명 이상으로 올라가고 있었다.

　조선시대에도 자살은 어렵지 않게 찾을 수 있는 현상이었다. 당시 자살은 대부분 왕명을 거역한 반란자 가족들이나 유교적 틀을 넘어 사랑을 나눴던 자들의 선택이었다고 볼 수 있다. 살펴봐야 할 것은 우리 역사에서 가장 어두운 시기였던 일제강점기의 자살 기록이다. 일본에 나라를 강탈당했던 1910년에 자살률은 10만 명당 2.8명 정도였다. 하지만 그 수가 계속 증가해 일본 제국주의의 수탈이 극에 달했던 1937년에는 12.2명으로 최고치를 기록

했다. 30년도 채 안 된 기간에 자살률이 4배 이상 증가했다니, 일본의 만행과 수탈로 조선인들의 삶이 얼마나 고통스러웠을지, 얼마나 암울했을지 짐작해볼 수 있다. 이 기록 속에서 천정환은 내가 품고 있던 궁금증을 이미 던지고 있다.

> 이 같은 일제강점기의 자살률은 오늘날의 자살률과 비교했을 때 2분의 1 이하로 낮은 것이다. 현재 한국의 자살률은 인구 10만 명당 2008년 26명, 2009년에 31명, 2010년 33.5명에 달했다. 따라서 자살률만 놓고 보면 억압과 착취가 만연했던 일제강점기보다 지금이 더 살기 어렵다. 어떻게 된 것일까?
>
> —천정환, 『자살론-고통과 해석 사이에서』, 192쪽.

일제강점기 지식인과 서민의 비극적 삶을 그린 현진건의 「술 권하는 사회」나 「운수 좋은 날」의 주인공들은 매일 만취할 때까지 술을 퍼마시거나, 가난 때문에 국밥 한 그릇 제대로 못 먹고 병사하는 사람들이었다. 그러나 아무리 힘들어도 자살을 '쉽게' 떠올리지는 않았다. 일제강점기와는 반대로 21세기 한국은 아시아에서 경제 발전과 민주화에 성공한 대표적 사례다. 인간의 풍요로운 삶을 돕는 최첨단 디지털 전자제품이 가득하고, 건강 검진과 성인병 치료만큼은 세계 최고라 자부한다. TV와 스마트폰 화면을 통해 눈에 들어오는 홈쇼핑 제품들은 우리가 누릴 편리함과 행복함을 안내하는 듯하다.

그러나 자살률만 놓고 보면(앞서 자살률의 증가가 웰니스를 무색하게 만들었듯이) 21세기 한국 사회가 수탈과 오욕의 일제강점기보다 살기 어렵다는 결론이 나오게 된다. 4차 산업혁명, 디지털 플랫폼, 메타버스의 화려한 등장이 반갑지만은 않은 이유다. 그렇다면 최근 한국 사회에서의 끔찍한 가족 살해의 참극과 하루에 수십 명이 자살하는 이 기이한 현상을 어떻게 설명해야 할까? 강남 삼성역 근처 황금빛으로 찬란한 무역센터의 아우라가 보여주는 세상과는 전혀 다른 이 디스토피아적 현상을 어떻게 봐야 할까? 이 우울한 현실을 희망의 방향으로 전환할 수 있을까? 어린 자녀들의 미래를 끊고 자신의 목숨도 끊는 젊은 부모, 질풍노도의 시기를 죽음으로 마감하는 청소년, 아픈 노모를 죽인 뒤 스스로 목숨을 끊는 자식, 회사의 일방적 정리해고로 직장을 잃고 죽음을 선택하는 가장, 그동안 고마웠다는 유서를 남기고 생을 마감한 병들고 가난했던 모녀. 그들, 아니 지금 한국을 살아가는 우리들의 뒤에는 1세기 전 헝가리보다 더 깊은 우울함이 도사리고 있다.

자유라는 겉옷을 입은
소비라는 욕망

삶은 언제나 그렇게 우울한 것일까? 한국 사회에도 삶이 좋아지리라는 기대가 컸던 적이 있었다. 1990년대 후반 노동계의 요구에 의해 본격적으로 논의된 후 2002년 금융권부터 단계적으로 주5일 근무제가 도입되면서부터였을 것이다. 주5일 근무제는 한국인들에게 큰 기대를 모았다. 직장을 다니는 사람들은 자기만의 시간을 얻을 수 있게 되었다고 기뻐했지만, 현실은 기대했던 바대로 흘러가지 않았다.

이미 유럽과 북미 사회에서는 19세기 말부터 노동 시간 단축을 위한 노동계의 노력이 있었고, 그 결과 20세기 초 주60시간 이상이었던 노동 시간이 점차 줄어들었다. 2차 세계대전이 지나면서 주40시간 노동이 서구 사회의 규범으로 자리를 잡았다. 그러나 서구와 달리 21세기 한국에서는 주40시간 노동이 바로 삶의 질을 윤택하게 하는 결과로 이어지지는 못했다. 물론 TV에서 소개되는 전국 방방곡곡 맛집과 관광명소, 온라인을 통해 전해지는 다양한 정보는 코로나19가 퍼지기 전에는 주말 휴일 사람들을 여기저기로 불러냈다. 차분히 동네를 산책하고, 차 한잔을 곁들여 책을 읽고, 가족이나 이웃과 대화를 나누거나 보드게임을 하는 여유로움은 오히려 시대에 뒤처진 것처럼 여겨진 듯했다. 차에 캠핑 도구를 가득 싣고 여행 명소와 맛집을 찾아다니면서, 현장 인증 사진을 찍어 온라인 친구들과 공유해야 주말을 알차게 보낸 것처럼 느껴졌다. 이것들은 주5일 근무제가 만들어준 꿈만 같은 선물처럼 여겨졌을지 모른다.

하지만 노동을 멈추고 삶의 여유와 즐거움을 만끽해야 할 이틀의 휴일을 즐기기 위해 사람들은 일하는 5일 동안 오히려 초과 근무까지 악착같이 해야만 했다. 새 차, 새 캠핑 도구, 새 스마트폰은 신용카드 할부와 손 안의 핀테크를 통해 후회할 겨를도 없이 쉽게 구매할 수 있다. 다음 달 문자 메시지로 전해지는 신용카드 청구액을 확인할 때쯤이면 후회는 이미 늦다. 여행지 숙박비와 교통비, 식사비 할부는 덤이다. 물론 누군가는 이틀 동안 주어진 휴일을 맘껏 즐기기 위해 주5일 초과 근무도 잘 버텨낼지 모른다. 문제는 일주일 중 이틀 동안 쓴 카드 비용 때문에 나머지 닷새를 점점 더 노예처럼 일해야 한다는 점이다. 더 자유롭고 인간적인 삶을 위해 주5일 근무제가 시행되었지만, 현실은 뭔가 이상하다.

우리에게 찾아온 새로운 주말 휴일은 자유라는 겉옷을 입은 소비라는 욕망에 갇혀버렸다. 자유를 구매하기 위해 소비를 택하지만, 오히려 돌아오는 것은 자유의 제한이다. 이미 미래의 노동을 담보로 끌어 쓴 카드 할부금과 직장인 신용대출금이 우리의 자유와 고용 상태를 옥죄고 있기 때문이다. 얼마 후 재계약이 안 될 수도 있는 비정규직 노동자에게 직장인 신용대출은 시한폭탄과도 같다. 그런데 이마저도 적절한 수준의 임금을 받는 고용 노동자에 국한된 이야기일 뿐이다.

자영업자의 삶은 어떨까? 코로나19가 확산되기 시작한 2020년 이후 전쟁 같은 삶을 보낸 자영업자들에게 골목 상권은 이미 거대 기업의 멀티 쇼핑몰이 된 지 오래다. 평생 같은 일만 반복해왔기 때문에 다른 경험이나 기술이 부족한 퇴직자가 쉽게 할 수 있는 시도는 아마도 가맹점 창업일 것이다. 취업이 어려워지면서 늘어난 청년 창업 또한 자영업 증가의 주요 원인 중 하나다. 그런데 '업을 일으키고 새롭게 연다'는 뜻을 지닌 '창업'創業이 점차 짓지도 않은 업보를 받는 고통이 되고 있다. 가맹점의 경우 가입비, 수수료 등을 본사에 내야 하고, 몇 년 전부터 상당한 고정비로 나가는 배달 앱 수수료도 자영업자들에게 큰 걱정거리다. 코로나19로 사회적 거리 두기, 영업 제한 등의 폭탄을 맞아 수익이 반의 반 토막이 나도 임대료와 은행대출 이자는 빠짐없이 나간다.《생활의 달인》이나《생생정보통》같은 TV프로그램에 나올 정도의 신기神技가 있다 해도 버티기 힘들다. 서울시가 발표한 2020년 프랜차이즈 운영 현황에 따르면 서울의 프랜차이즈 가맹점만 해도 5년을 버티지 못하고 문을 닫는 경우가 48.5퍼센트나 된다고 한다.

조조에게서 빠져나와 오관참육장五關斬六將으로(다섯 관문을 통과하며 여섯 장수의 목을 베다) 유비에게 돌아온 관우, 유비의 아들 아두를 가슴에 품고서 필마단창匹馬單槍으로 조조의 대군을 헤치고 장판교에 도착한 조자룡, 장판교에서 포효 하나로 조조 백만 대군의 오금을 저리게 한 장비, 혹은 동풍을 불러일으키고 연환계로 적군을 묶어버려 적벽대전을 승리로 이끈 제갈량이 보여주는 『삼국지』 속 신기神技가 아니면 임대 자영업자가 버틸 수 있는 시간은 어쩌면 그리 길지 않을 수도 있다.

그 신기라도 가지고 있는 몇몇 영세소상인, 자영업자들이 골목 상권에서 버티고 있다고 한들, 지금은 무공과 의리 하나로 판을 휘저을 수 있는 2,000년 전 중국과는 상황이 매우 다르다. 바로 부동산 가격 및 임대료 폭등과 '젠트리피케이션'gentrification이라는 기이한 현상을 불러일으키는 현대판 주술사, '조물주'보다 힘이 세다는 '건물주'라는 존재 때문이다. 오늘날 그들이 행사하는 자본이라는 힘은 그런 창과 칼 따위론 대적할 수 없다. 원주민들과 동네 상인들이 어울려 오랜 시간 쌓아온 마을과 골목의 문화·생애주기적 가치는 건물주가 가지고 있는 부동산 소유권 앞에서는 무용지물이다.

내가 매일 걷다시피 하는 동네 골목길 양쪽에 펼쳐져 있는 낯익은 가게들은 이 길을 그저 거쳐 가는 통로만이 아닌, 내가 사는 새로운 고향이라고 여기게 한다. 가족과 함께 이 골목길을 걷노라면, 가족으로서 공유되는 기억과 정서가 만들어진다. 골목과 그 골목의 상권은 주민과 상인이 서로의 삶과 기억을 얽어가면서 만드는 삶의 둥지다. 그래서 가끔 일상처럼 익숙하게 느껴지던 가게가 어느 날 갑자기 사라지고 그 공간에서 새 가게를 준비하는 인테리어 공사가 한창인 광경을 보게 되면, 없어진 가게 주인의 모습이 그려지며 우리 가족의 소중한 기억 한 토막이 사라지는 듯한 상실감을 느낀다. 상인과 주민이 만들어가는 일상과 기억은 동네 골목의 가치를 부동산 가격으로 천하 통일한 소수의 건물주와 배달 플랫폼 회사의 전횡, 그리고 지역의 정치권력 앞에선 한없이 초라해진다.

버킷리스트로 둔갑한
상품 목록

유튜브 크리에이터는 이제 청소년은 물론 성인에게도 인기 있는 직업이 되고 있다. 다양한 교육 콘텐츠나 시사 분석에서부터 '먹방', 반려동물, 미용, 여행, 독서, 상품 사용, 게임, ASMR 등 과거에 상상하지 못한 수많은 콘텐츠가 유튜브를 통해 사람들에게 공유되고, 조회 수에 따라 크리에이터에게 수입이 주어진다. 정치집단은 후원금보다 유튜브 조회 수를 통해서 얻는 수익 방식을 선호하기도 한다. 후원자도 자신이 직접 돈을 내는 것이 아니고, 관련 동영상만 클릭하면 되니 서로 부담이 없다.

이렇게 유튜브 콘텐츠가 조회 수로 평가되고, 이것이 수익으로 연결되는 것은 조회 수와 수익 사이에 상품 광고가 끼어들기 때문이다. 이전에 TV나 라디오, 혹은 신문과 잡지 등을 통한 상품 정보가 이제는 유튜브를 통해 사용자에게 맞춤형으로 전달되고 있다. 유튜브뿐만 아니라 페이스북, 인스타그램과 같은 소셜미디어, 네이버나 다음과 같은 온라인 포털 사이트를 통해서도 맞춤형 상품 정보가 '나'에게 전달된다. "어머, 이건 꼭 사야 해!" 또는 "아직 이걸 모르고 고생만 했네”같은 문구로 구매 욕구를 높이는 수많은 광고가 ‘정확하게’ 전달되고 있다. 클릭과 클릭 사이에도 상품 광고가 끼어든다. 적절히 상품 검색만 잘하면 마치 홀로 척척 잘 살아갈 것 같은 느낌이 든다.

수많은 상품에 쉽게 접근하고, 쉽게 구매하고, 쉽게 소비하면서 우리는 뭔가 한층 더 자유로워졌다고 느끼는지 모른다. 눈앞에 배달된 상품을 소비하면, 내 어려움, 불편함, 지루함이 잠시 해결되는 듯하다. 더 많은 자유의 시간이 주어지는 듯하고, 누군가에 대한 부러움도 잠시 사라지는 듯하다. 공동구매로 원하는 상품을 최저가에 구입하면, 왠지 우정을 나누며 협력의 힘을 보여준 것 같기도 하다. 이쯤 되면 내 삶의 고민은 선거, 투표, 주민총회, 참여예산제와 같은 정치제도나 민주주의 절차를 통해서가 아니라, 생활의 불편을 해소해줄 ‘그동안 나만 몰랐던 획기적인’ 신상품을 구입하는 것을 통해 쉽게 해결될 듯하다.

그래서 복잡하고 답답한 정치보다 내 일상을 훨씬 더 편하고 우아하게 꾸며줄 아이디어가 번뜩이는 저렴한 상품에 대한 궁금증이 더 높아지는 것 같다. 어려운 정치·사회 분야 기사 검색보다 먹고 싶은 음식, 신상품 같은 중고 제품 정보 검색이 더 인기가 있다. 또한 첨단 기술과 디자인이 적용된 신상품을 사용하면, 학교나 일터에서 경쟁에 뒤처지지 않을 것 같다. 화면 속에서 실시간으로 열

변을 토하는 쇼핑 호스트는 평소에 우리가 고민하던 문제를 어찌 그리 잘 알고 있고 해답도 명쾌하게 가졌는지, 우리의 영원한 철학자 형 '소크라테스'나 '공자'보다 더 현명해 보이는 착각에 빠지기도 한다. 이쯤 되면 정치적 문제를 포함해 인류가 겪는 모든 문제들을 기술로 충분히 해결할 수 있다는 '기술해결지상주의'technical solutionism가 지배하는 세상인 듯한 착각이 들기도 한다.

누더기처럼 화면 가득 걸려 있는 다양한 광고들을 흘깃 보다 보면 가끔 우리의 삶을 업그레이드하는 데 필요한 상품을 우연히 발견할 것만 같은 순간도 마주한다. 그리고 이 상품들은 여러 버킷리스트bucket list로 정리되곤 한다. 양동이를 뜻하는 '버킷'의 기원은 중세 유럽에서 올가미를 목에 건 사형수가 교수대에 밟고 올라선 통에서 유래한다. 교도관이 교수형을 집행하는 순간 이 통을 발로 걷어찼다고 하는데, 당시 교도관이 형 집행 직전 사형수의 소원을 몇 가지 들어줬다는 이야기가 전해지면서 '버킷리스트'라는 말이 시작되었다고 한다. 그 뒤 버킷리스트는 죽음을 앞둔 사람이 그동안 맘속으로 간절히 바랐지만 미처 하지 못한, 남아 있는 삶의 시간 동안 해보고 싶은 것을 정리한 일종의 '소원 목록'이란 뜻으로 받아들여졌다.

10여 년 전 '버킷리스트'라는 제목의 미국 영화가 우리 사회에 소개된 후, 사람들 사이에서 마치 연말 연초에 새해 소망을 메모하듯 버킷리스트 만들기가 유행했다. 피곤에 찌들고 무기력감을 느낄 때 삶의 의지를 회복하기 위해 때때로 나만의 버킷리스트를 작성하는 것은 더위로 지친 어느 날 시원한 사이다를 한잔 마신 듯한 청량감을 줄 수 있다. 다람쥐 쳇바퀴 도는 것 같은 일상에서 늘 나 자신에게 미안해하고 체념이 습관처럼 되어버린 듯하다가도, 이런 버킷리스트 하나 만들게 되면 '그래도 삶은 아름답구나'라고 생각하면서 없던 힘이 불끈 솟아날 수도 있다.

하지만 버킷리스트가 자기 생활을 돌아보는 시간 속에서 만들어졌다기보다, 온라인에서 넘쳐나는 죽기 전 꼭 먹어야 할 음식, 입어야 할 옷, 가야 할 여행지, 마셔봐야 할 고급 와인 목록과 마주치면서 뭔가에 홀린 듯 그저 '장바구니'를 가득 채운 것이었다면 그 느낌은 다를 것이다. 삶의 청량감과 자유를 새롭게 느끼기보다는 살아가면서 반드시 해야 하는, 또 늘어난 새로운 숙제처럼 다가올 수 있다. 우연한 마주침이 만들어낼 수 있는 삶의 아름다움보다 어느 날 갑자기 각종 상품으로 채워진 버킷리스트가 내 삶의 목적 자체가 되면서, 자유로운 삶의 선택은 이 버킷리스트라는 창살 안에 갇히게 되는 것이다.

온라인을 통해 버킷리스트로 둔갑한 상품 목록이 길

고 낯설수록 그동안 '나는 도대체 뭘 하고 산 걸까?'라는 한탄과 함께, 지금까지의 삶이 왠지 보잘것없는 것처럼 느껴질지도 모르겠다. 그런데 저 나열된 목록이 매일 접하는 우리 동네 뒷동산과 이웃, 집 근처 버스정류장 옆 작은 선술집의 막걸리 한잔, 라디오에서 흘러나오는 그렇고 그런 음악처럼 쉽게 나를 위로해주는, 너무 쉽게 다가갈 수 있어서 누구도 굳이 독차지하려 들지 않고 내 곁에서 사라질지 모른다고 의심해본 적 없는 것들로 채워진다면 느낌은 또 다를 것 같다. 하지만 역설적으로 이렇게 소중하면서도 흔한 것, 흔하면서도 소중한 것들을 굳이 버킷리스트에 담을 이유 또한 없을 것이다.

버킷리스트가 어떤 상품으로 정교하게 가득 채워질수록, 자신이 꿈꾸는 삶의 모습은 최신 버전으로 업그레이드될지 모른다. 하지만 내적 성찰을 통한 것이 아닌 온라인 상에서 자동으로 매월 매주 업그레이드되는 각종 버킷리스트는 어떤 식으로든 미래를 업그레이드할지는 모르지만, 그만큼 지금까지의 내 삶을 낡은 것으로 만들 수도 있다. 그동안 나와 함께했던, 익숙했던 것들이 더 편리하고 효율적인 상품에 밀려 중고 혹은 쓰레기가 되어버릴 수도 있는 것이다.

상품이 되어선 안 되는 것이
상품이 될 때

여행상품, 전자제품, 금방 배달되는 산지 직송 먹을거리 등으로 채워진 버킷리스트를 다 실현하기만 하면, 소풍과도 같은 이 생을 잘 마치고 하늘로 돌아갈 수 있다는 생각이 들지도 모르겠다. 하지만 그런 욕망이 커질수록, 원하는 것을 살 돈이 넉넉지 않은 자신이 서글퍼질 수도 있고, 그 돈을 마련하기 위해 더 열심히 일감을 찾아 나서야 할 수도 있다. 문제는 만족스러운 삶을 산다는 것이 원하는 바를 '구매할 수 있는가'에 달려 있느냐는 점이다. 그래서 이런 버킷리스트는 꿈꿀수는 있지만 현실화하기는 힘든 것들이다. 혹은 이룰 수 있을지 몰라도 나 자신을 너무 지치게 만든다.

누군가에게 버킷리스트는 있으면 좋고, 없으면 그저 아쉬울 뿐인 것들의 목록이다. 하지만 다른 누군가의 버킷리스트는 그 목록에 있어서는 안 되는 것들, 다시 말하자면 이미 가지고 있거나 이용하고 있어야 하는 가장 기본적인 삶의 필요조건으로 채워져 있다. 건강한 먹을거리와 깨끗한 물, 안전하고 편히 쉴 수 있는 집, 누구나 적절히 사용할 수 있는 전기 에너지, 차별이 아닌 우정과 환대로 세상을 살도록 가르치는 교육, 의료와 교통 서비스, 누구나 편히 즐길 수 있는 도서관과 놀이터, 공연장, 공원, 맑은 숲, 좋은 일자리, 존엄성을 지키며 살도록 돕는 돌봄 서비스, 그리고 전쟁 없는 세상. 이것들은 버킷리스트가 아니라, 인간이 사회적으로 존엄한 삶을 누리기 위한, 그야말로 가장 자연스러운 삶을 위해 공평하게 조건 없이 마련되어야 할 기본적 목록일 뿐이다.

우리는 이런 것들을 '공공재'公共財라 부른다. 공공재는 단지 사용하면 좀 더 편리하고 좀 더 안락한 것이 아니라, 사용하지 못하면 삶이 더없이 불편해지기에 우리 삶에서 없어서는 안 될 필수재다. 그래서 공공재는 어느 누가 사유화해 이익을 취할 목적으로 상품화해서는 안 되고, 국가 권력이 그 목적을 일방적으로 정해버리거나 개인에게 손쉽게 매각해서도 안 된다. 공공재는 기본적으로 시민의 연합체로서의 국가가 시민을 위해 보장하는 기본적인 필수 자원 또는 영역을 말한다. 그러므로 국가공동체는 구성원들이 삶의 존엄성을 지키며 사는 데 이 공공재를 이용할 수 있도록 바람직하게 관리해야 한다. '공공성'公共性이란 바로 이러한 공공재에 대한 국가와 시민사회, 시장의 책임을 가리킨다.

공공재가 상품이 되고 누군가의 버킷리스트 목록에 들어가게 되면, 사람들 간 차별과 불평등은 점점 더 심해질 수밖에 없다. 교육과 의료는 말할 것도 없을뿐더러, 어떤 돌봄 서비스를 이용하느냐에 따라 가족의 삶은 그야말로 천국과 지옥을 오간다. 또한 우리는 코로나19 방역 봉쇄 시기에 적절한 주거 공간이 어째서 중요한지를 생생하게 경험했다. 여유 있는 이들은 집 안에 홈트레이닝 장비나 간이 텃밭을 마련해 지냈지만, 그렇지 못한 이들은 좁은 집 안에서 여러 명의 가족이 함께 지낼 수밖에 없었으며 그중 한 명이라도 코로나19에 확진이 되면 집은 그야말로 사투를 벌이는 공간이 되어버렸다. 반지하와 고시원을 최소한의 주거 시설로 용인하는 사회의 인간 존엄성 수준은 얼마나 참담하겠는가. 주거 시설과 공간이 최소한의 안전장치도 없이 상품으로서 철저히 이익을 추구하는 시장 논리에 맡겨질 경우, 삶은 비참해지고 언제든 나락으로 떨어질 수 있는 것이 된다.

공공재는 애초 상품이 되면 곤란한 재화나 서비스로, 상품가치로 평가할 것이 아니라 기본적인 삶을 유지하기 위한 필수재로 바라보고 함께 관리해야 할 대상이다. 그런데 불행히도 공공재야말로 자본주의 시장이 가장 선호하는 상품이 될 가능성이 상존한다. 공공재가 '사유화'privatization나 '법인화'의 과정을 통해 시장에서 판매될 경우, 기업에게는 가장 확실하고 안정적인 수익이 보장되는 상품이 되기 때문이다. 그러나 공공재는 그저 취향에 따라 가끔 쓰는 기호품이 아니라, 생존을 위해 어떤 비용을 들여서라도 반드시 이용해야 하는 필수품이기에 공공재인 것이다.

잘 갖춰진 좋은 질의 공공재가 사람들에게 얼마나 편리하게 제공되는가의 문제는 한 나라의 복지 수준과 시민의 행복을 가늠하는 중요한 척도다. 공공재가 과도하게 낭비되지 않도록 적절한 관리와 제도가 필요하면서도, 동시에 이 공공재가 빈부격차나 사회문화적 차이로 인해 불공정하게 분배되지 않도록 해야 한다. 행정 관료와 정치인들은 민주적이고 투명하게 공공재를 감독할 수 있어야 한다. 관료주의와 권위주의의 매너리즘에 빠져, 공적 서비스로 기능해야 할 것이 '갑질'이나 차별의 원인이 되어선 안 된다.

공공재가 수익 창출을 목적으로 하는 상품이 되어갈수록, 다시 말해 철도, 전기, 수도, 교육 등을 관리하는 공공기관이 법인화가 될수록, 사람들은 일상의 평범한 삶을 유지하기 위해 더 많은 비용을 지불해야 한다. 몸이 불편하거나 나이가 어려서 돌봄 서비스가 필요한 가족이 있는 경우, 가족 곁에 있는 일이 더더욱 절실함에도 불구하고 의료 및 돌봄에 드는 비용을 벌기 위해 오히려 그들을 두고 일터에 나가야 한다. 생계 비용과 더불어 상품이 되어 가격이 오른 공공재를 구입하기 위해 더 많은 돈이 필요해지고, 그리하여 기업이 원하는 노동자로 거듭나기 위해 '자기계발'에 매진하게 된다. 공공재가 상품화되면 공공재 이용의 '권리'는 무의미해진다. 상품 구입 능력, 즉 소비 능력만 의미 있을 뿐이다. 여기서 자기계발을 통한 '스펙'은 소비 능력을 키우는 열쇠가 된다.

스펙은 능력이 되고, 능력은 경쟁사회 속에서 '공정'의 기준으로 탈바꿈한다. 하지만 내가 쌓으려는 스펙을 나 자신의 성실함만으로 채우는 것은 불가능하다. 정부, 기업, 사회가 요구하는 스펙은 우리의 의지와는 무관하게 수시로 변하기 때문이다. 그래서 스펙을 쌓는다는 것, 자기계발을 한다는 것은 밑 빠진 독에 물 붓기나, 없는 것이 없는 큰 백화점을 짓는 것과 같다. 그러다 보니 스펙을 쌓는 일은 막연하기도 하고, 오랜 시간에 걸쳐 큰 비용과 관리가 필요한 일이 된다. 결국 '흙수저'인가 '금수저'인가에 따라 그 스펙 쌓기의 결과가 달라진다.

누군가는 이 소비 능력이 억대 연봉, 부모로부터 물려받은 자산, 임대료가 척척 들어오는 건물일 수 있다. 또 어떤 이에게는 언젠가 스스로를 파멸로 몰아넣을 수 있지만 당장은 어찌할 수 없고 이마저도 다행이라고 여기며 쓰게 되는 신용대출일 수 있다. 사교육비를 얼마나 쓸 수 있는지, 유명 대형병원 치료비를 얼마나 감당할 수 있는지, 치솟는 집값의 수익이 얼마인지 등에 따라 이 사회는 사람들을 나누고, 계층화하고, 차별한다. 소비 능력이 별로 없는 사람은 가족 중 누군가 큰 병에 걸리기라도 하면, 돈은 돈대로 들면서 하던 일마저 그만두고 간병에 매달려야 할지 모른다. 가계대출이 비약적으로 늘어나는 순간이기도 하고, 가정의 평화와 화목이 무너질 수 있는 위기의 순간이기도 하다. 제대로 된 일자리를 구할 수 없고 대출 빚이 삶을 짓누르기 시작할 때, 발생하지 말아야 할 비극이 사회 곳곳에서 발생한다. 그래서 공공재를 누가 어떻게 관리하고 사용하는가는 그 사회, 그 나라에서 유지되는 삶의 수준을 측정하는 중요한 요소이다.

만일 사람들이 자기계발에 박차를 가해 자신의 소비 능력을 높일 수 있다 하더라도, 소비 능력의 향상 속도가 필수적인 상품 비용의 증가 속도를 따라가지 못하면, 즉 열심히 일해 번 소득이 매달 써야 하는 최소한의 지출을 따라잡지 못하게 되면 그 결과는 뻔하다. 교육비, 의료비, 전셋값, 임대료, 각종 세금은 오르기를 멈추지 않고, 경쟁에서 뒤처지지 않으려면 최첨단 디지털 제품을 카드 할부를 해서라도 사야 하는데, 그에 비해 수입은 늘어나지 않고, 취업은 잘 되지 않을뿐더러, 자기계발 트렌드에 맞춰가는 비용도 만만치 않다면 우리는 어떻게 해야 할까? 여기에 대해 그리 오래 걱정할 필요가 없다는 광고 및 홍보 문구들이 여기저기 눈에 띈다. 사람들은 이제 '핀테크'fintech라 불리는 최첨단 정보통신 기술과 최신 스마트폰으로 '미래의 노동을 담보로 한' 신용대출의 유혹에 빠지기 쉽다. 제1금융권이 안 되면 제2금융권이 기다리고 있다. 제3, 4금융권도 대기 중이다. 그렇게 내 통장에 입금되거나 휴대전화에 문자 메시지로 입금 통보된 현찰은 잠시나마 안도감과 자긍심을 심어주기도 한다.

대출뿐 아니라 신용카드 할부 구매는 누군가 귓가에 대고 미래가 장밋빛이라고 말해주는 듯한 착각마저 들게 한다. 이미 비싼 상품이 되어버린 공공재를 카드 할부로 구매하는 순간, 왠지 의료비나 교육비가 그리 비싼 것 같지 않다거나 아직은 내가 이 정도 소비 능력은 있다는 착각이 들지도 모른다. 적어도 다음 달 여러 할부금이 한꺼번에 청구된 비용을 치르기 전까지는 말이다.

미래를 저당 잡혀
오늘을 포기하다

안정된 공공재 기반과 좋은 일자리가 충분치 않은 채 소비 능력을 키우려는 명목으로 자기계발과 대출을 강요하는 사회는 '부채사회'

라 할 수 있다. 어쩌면 앞서 언급한 기술해결지상주의보다 '부채해결지상주의'가 더 현실적일지 모른다. 공공성이 취약한 사회에서 소비 능력이 부족한 사람이 좋은 삶의 수단에 다가가는 방법은 부채를 늘리는 것 말고는 찾기 힘들기 때문이다. 부채사회는 성과사회라는 '착각'과 연결되어 있다. 성과사회는 불행해지지 않으려면 반드시 일해야 하고, 그 일이 사회가 원하는 성과를 만들 때 삶의 성취감과 행복을 얻을 수 있다고 강조한다. 따라서 성과사회는 결과적으로 사람들이 스스로 자본주의에 최적화되기 위해 자기계발에 최선을 다하는 사회다. 하지만 더 많은 노동이 더 많은 성과와 성취감을 가져다준다는 성과사회는 사실상 '피로사회'이며, 개인이 파산하지 않고 열심히 이자와 원금을 갚도록 일을 권하는 부채사회의 어두운 면을 가리기도 한다.

『피로사회』(김태환 옮김, 문학과지성사, 2012)의 저자 한병철은 피로사회의 핵심이 '당위의 부정성'보다 '능력의 긍정성'을 강조하는 데 있다고 말한다. 능력의 긍정성 속에서 적지 않은 사람들이 현재의 소비 능력을 필요한 만큼 끌어올리기 위해 미래의 노동을 최대한 많이 저당 잡힌다. 부채가 능력이라는 농담 아닌 농담, 아니 농담 같은 진담이 보여주는바, 누군가는 계속 빚을 지며 일을 해야 하고, 누군가는 그 빚에 노예처럼 묶여 일하는 자들 덕분에 부를 쌓을 수 있다.

성과사회는 피로사회이고, 피로사회는 곧 부채사회다. 즉 성과사회는 부채사회의 부채노동으로 성과를 만드는 사회이고, 누군가의 저당 잡힌 노동과 피로 덕에 누군가의 안락함이 보장되는 매우 불평등한 사회. 피곤한 사람에게는 자양강장제가 아니라 휴식이 필요하지만, 쉴 수가 없다. 부채 때문에 쉴 수 없는데, 누군가는 이를 꿈을 이루는 열정의 과정이라고 포장한다.

저당 잡힌 미래, 이것이 바로 부채의 본질이다. 이렇게 끌어들인 미래의 노동, 내 미래를 저당 잡은 부채는 불행히도 내 노동 가치를 바닥까지 추락시킨다. 내가 원하는 일, 나 자신을 위한 노동을 선택할 수 있는 기회는 부채 규모에 반비례해서 적어지고, 신용불량자가 되지 않고 대출 원리금을 매달 꼬박꼬박 갚으려면 원치 않는 일이거나 싼값이라도 노동력을 팔아야 한다. 노동 가치는 시간이 지날수록 늘어가는 부채와 육체의 노화로 인해 점점 평가절하되고, 신용등급은 하락한다. 미래에 사용될 노동까지 저당 잡힌 소비 능력은 나아질 기미를 보이지 않고, 반대로 늘어나는 부채의 증가 속도를 따라잡지 못하면서 마침내 이 사회가 요구하는 성과 목표를 채우지 못하는 사람이 되어간다. 결국 삶 속에서 자유의 크기는 점점 작아지고, 이에 반비례하여 불안은 점점 커진다. 이런 불안이 계속되고 악순환할 때 많은 사람이 겪는 '비정상적' 반응은 '우울증'일 것이다.

과잉 소비 문화, 자기 자식만을 유일한 생존자로 만들기 위해 부모들이 기꺼이 지출하는 사교육비, 하루가 다르게 치솟아 우리를 21세기 화전민으로 만드는 집값과 상가 임대료, 이 연쇄 사슬을 따라서 가계부채는 암세포처럼 빠른 속도로 번져나간다. 결국 가족 모두는 닥치는 대로 일을 해야 한다. 부부의 맞벌이는 더는 양성평등의 상징이 아닌 누군가에게는 가계부채의 낙인이 돼버린 지 오래다. 부모와 자녀들은 확실하지도 않은 미래의 '그 어떤' 것을 위해 오늘의 즐거움을 포기한 채 서로의 생존을 기원한다.

이 와중에 가족 중 한 사람이라도 중병을 앓기 시작하는 순간, 미래의 행복은 산산조각이 날 수 있다. 만일 가족 누군가가 '장애'로 규정되고 그 규정에 따라 살아야 한다면, 당사자와 다른 가족들은 인생 계획을 다시 세워야 할 것이다. 치매, 우울증, 조현병 같은 질환을 가족 중 한 명이라도 앓게 될 때, 가족 구성원들에게 찾아오는 우울한 디스토피아적 비극은 묘사하기조차 어렵다.

이런 상황에서 최소한의 가족 구성으로서 핵가족을 꾸리는 것조차 점차 어려운 일로 여겨진다. 연애, 결혼, 출산, 육아, 인간관계, 희망을 포기해야 생존할 수 있는 개인만 홀로 남겨지게 된다. 공공재를 상품으로 구매해야 하고 미래마저 저당 잡힌 현실에서, 가족은 서로의 의지처가 되기보다 감당해야 할 무거운 책임이 되기에 불안이 더 커지기 때문일지 모른다. '생계형 자살'에 이어, '생계형 포기'(살기 위해 위에 언급한 것들을 포기하는 걸 말한다)가 넘쳐나게 된다. 맥퍼슨C. B. Macpherson이 사적 소유권에 근거해 제기한 '소유적 개인주의'possessive individualism에 따르면, 자본주의 사회의 시민성은 시민 전체가 아니라 넉넉한 자산을 가진 시민만 대상으로 한다.

어릴 적 강렬한 인상을 받았던 독일 판타지 영화《네버엔딩 스토리》의 한 장면이 떠오른다. '환타젠'이라는 환상의 세계가 괴물에 의해 사라지고 있다. 영화 속 괴물은 사람들의 희망을 점점 없애간다. 희망이 조금씩 사그라질 때마다 사람들이 사는 세계가 함께 사그라진다. 괴물은 주인공, 아니 영화를 보는 나를 향해 비웃듯 말한다.

"희망을 잃은 자들을 지배하는 것처럼 쉬운 일은 없지."

소비 능력이 부족하다는 이유만으로 삶에 대한 의지, 삶의 희망을 잃어가고 있는 오늘날, 우리가 사는 세계는 조금씩 사그라지고 있는 것인지 모른다.

하루아침에 벌레가 된
그레고르 잠자처럼

　　　　　　　늘어가는 부채 그리고 아플 수도, 쉴 수도 없는 이 잔인한 현실에서, 누군가는 오래전 장자莊子가 꾸었다는 나비의 꿈을 바랄지도 모른다. 하지만 한낱 꿈으로 비참한 현실을 뒤바꾸는 그런 행복한 나비가 되는 일은 불가능하다. 현실에서 많은 사람은 어쩌면 프란츠 카프카Franz Kafka의 소설 『변신』의 주인공 그레고르 잠자처럼 아침에 일어나보니 딱딱한 등껍데기와 쭈글쭈글한 각질로 된 배를 가진 흉측한 갑충으로 변해 있는 모습에 가까울지 모른다. 더 일할 수도, 대출할 수도 없는 나 자신의 모습은 이미 그레고르 잠자처럼 모두가 혐오하는 한 마리 벌레일지도 모른다.

　가족의 생계를 책임지던 성실한 그레고르 잠자가 하루아침에 벌레가 되어 더는 돈을 벌 수 없게 되었을 때, 그의 가족은 잠자 대신 빚을 갚기 위해 허드렛일을 해야 했다. 하지만 그들은 허드렛일을 하며 그동안 힘들게 일해온 잠자에게 고마워하는 게 아니라, 자신들을 이렇게 만든 잠자를 원망하기에 이른다. 비극의 시작이다. 결국 가족들은 잠자를 진짜 벌레 취급한다. 잠자가 갇혀 있던 방에서 나와 모습을 드러내자 아버지는 사과를 집어 던지고, 그 사과는 잠자의 등에 박히고 만다. 등에 박힌 사과가 썩어가자 잠자는 서서히 죽어간다. 어쩌면 아버지가 잠자에게 던진 사과는 그가 사업에 실패하면서 짊어지게 된 빚더미였을지 모른다. 이야기의 반전은 아직 끝나지 않았다. 등에 박힌 그 사과로 인해 잠자가 죽자, 아버지, 어머니 그리고 여동생은 오히려 집을 팔고 떠나며 앞으로의 새로운 삶에 희망을 품는다. 얼굴에 아주 흐뭇한 미소를 띄우며.

소설 속 그레고르 잠자가 기다린 것은 자신의 죽음이었다. 아버지가 던진 사과가 등에 박혀 등이 썩어갔지만, 도리어 그로 인해 등뼈를 끊어내던 고통이 점차 사라지면서 잠자의 마음은 편해진다. 어쩌면, 아주 어쩌면, 이 시대에 자살을 선택한 사람들은 그 옛날 장자처럼 나비가 되는 꿈을 꾸고 있었을지 모른다. '어서 빨리 이 인간이라는 흉한 꿈에서 영원히 깨어나자.' 그러나 그들은 이미 거울 속 자신의 모습에서 더듬이와 강한 턱, 그리고 몸집에 비해 아주 가느다란 다리가 여러 개 붙어 따로따로 움직이는 한 마리 벌레를 보고 있었을지 모른다. 등에는 누군가 던진 사과가 쑥 박혀 있는 채로.

과거에는 아주 드물게 자아의 자유를 소중히 여긴 순수한 영혼의 소유자들이 자기 운명과 생로병사를 지배하는 시간이라는 신에게 굴복하지 않기 위해 자유인의 마지막 자존심으로 자살을 택하기도 했다고 한다. 그러나 오늘날 우리 사회에 만연한 '생계형 자살'은 낭만적이거나 실존주의적 자기 의지의 실현이 결코 아니다. 그렇다고 세상의 악에 맞서는 어느 용기 있는 자의 절체절명의 호소로 여기기에는 현실이 너무 안타깝다.

현대의 자살은 사회를 향한 급박한 위험 신호다. 자살이 계속 늘어나면, 우리 사회는 정신적 혼란은 둘째치고 존립할 수가 없다. 그래서 자살은 사회에 치명적이다. 자살을 방치하고 있는 사회에서, 그레고르 잠자가 말라 죽어갈 때 희망에 부풀어 새 인생을 찾아 떠나던 그의 가족처럼 냉소적인 희망이라도 가질 수 있을까? 하지만 그런 냉소적인 희망은 삶의 이유를 지워버리는 잔인함이 아닐까? 아버지가 던진 그 사과는 과연 잠자의 등껍데기에만 박혀 있었을까? 잠자의 가족들, 우리 사회 구성원들의 등에 박힌 채 썩어가는 사과는 과연 무엇일까?

잡힐 듯 잡히지 않는
욕망

오늘날 많은 이들이 그 어느 시대보다 더 처절하게 자기계발에 투신하고, 양적 경제성장이 가져다준 풍요로움을 누릴 희망을 포기하지 않는다. 분명 이 정도 발전한 사회라면 이제는 일하지 않는 시간에 편히 여가를 즐기며 쉴 수 있어야 한다. 주5일 근무제는 적어도 주말 이틀의 휴식 기회를 제공한다. 고가의 최첨단 스마트 기기, 최신 차량, 인공지능 가전제품, 북유럽 스타일의 세련된 가구와 내 가족의 입맛과 건강을 책임질 대형 냉장고를 준비했으니, 우리는 이제 더 편하고 격조 있는 쉼을 꿈꾸고 욕망한다. 그러나 전사 아킬레우스가 거북이를 쫓지만 결코 잡을 수 없다는 고대 그리스 철학자 제논Zenon의 역설처럼, 더 나은 쉼을 욕망하지만 그럴 수 없는 현실은 우리를 지치게 한다.

전쟁영웅 아킬레우스는 거북이보다 열 배는 빨리 달릴 수 있다. 하지만 제논이 제시한 논리에 따르면 아킬레우스가 아무리 빨라도 조금 앞에서 뛰기 시작한 느림보 거북이를 결코 따라잡을 수 없다. 거북이보다 100미터 뒤에서 뛰기 시작한 아킬레우스가 거북이가 출발한 지점으로 바람처럼 빨리 달려간다 하더라도, 그사이 거북이는 10미터 앞을 나아간다. 아킬레우스가 다시 그 10미터 앞에 도달하면 또 거북이는 이미 아킬레우스보다 1미터 나아간다. 이러다 보면 아킬레우스는 영원히 거북이를 따라잡을 수 없다(물론 이러한 논리는 시간과 속도에 따른 변화라는 운동을 고려하지 않고, 거리만 생각했기 때문에 나온 역설이다).

내가 아무리 아킬레우스처럼 SUV, 스마트폰, 최고급 호텔 숙박권 등 최첨단 장비와 호화로운 서비스로 무장한다 해도, 코앞에 있는 듯한 욕망은 거북이처럼 손에 잡힐 듯 잡히지 않는다. 내가 가지고 있는 것처럼 보이는 물건과 서비스는 실은 미래의 노동을 담보로 빚을 내 사들인 것에 불과하다. 게다가 어디서든 내 욕구를 채울 수 있게 도와준다는 유비쿼터스와 메타버스, 인공지능 시스템은 실은 사람들이 어디서든 일할 수 있도록 만듦으로써 일과 쉼, 또는 현실의 노동과 욕망의 실현 사이의 경계를 무너뜨리고 있다. 그렇다면 이것은 우리의 욕구를 해결시켜줄 수 있는 것이라기보다, 잠자의 등에 박혀버린 사과가 아닐는지?

실업자, 이생망과 N포 세대, 오늘날의 호모 사케르

소비 능력과 이를 위한 자기계발이 최우선시되는 사회에서 일하는 자도 이러한데, 실업 상태에 처한 사람들이 겪는 존재적 박탈감과 좌절은 이루 말할 수 없을 것이다. 오늘날 실업은 욕망조차 가져서는 안 되는, '욕망 접근 금지 상태'다.

소비 능력이 없거나 상대적으로 부족하다는 이유만으로 어떤 욕망도 가질 수 없다는 것은 이 사회에서 어떤 관계도 허락되지 않음을 의미한다. 청년실업률이 급증하면서 등장한 'N포 세대', '이생망'(이번 생은 망했다), '건국 이래 부모보다 가난한 첫 세대'라는 표현은 암울한 오늘날 현실을 말해주고 있다. 연애, 결혼, 출산을 포기한 3포 세대에서, 취업과 내 집 마련을 포기한 5포 세대, 그리고 점차 인간관계와 희망을 포기하는 7포 세대가 일반화되더니 이후엔 건강과 외모 관리까지 포기한 9포 세대라는 말이 등장했고, 더 나아가서는 반전의 기회가 없는, 삶마저 포기한 10포 아니 완포(완전 포기) 세대라는 신조어마저 생겼다.

오늘날 장기 실업의 상태가 조르조 아감벤Giorgio Agamben

이 말하는 고대 로마시대의 호모 사케르^{Homo Sacer}와 무엇이 다를까? 인간 존재의 가장 마지막 버림받은 형태인 호모 사케르는 사회에서 추방당한 범죄자를 말한다. 여기서 추방은 단지 공간적 영역에서의 내쫓김만을 의미하지 않는다. 추방이란 곧 같은 공간에 존재하면서도 자신의 생명이 타인으로부터 법적, 윤리적, 자연적으로 보호받을 수 없는 상태를 말한다. 호모 사케르는 인간 개개인의 생명 보호를 최우선 과제로 여기는 '그 누구도 내 신체를 해치거나 가둬서는 안 된다'라는 '자연권' 및 '자연법'이 적용되지 않는 발가벗겨진 존재다. 따라서 호모 사케르는 죽여도 되는 존재다. 마치 산길을 걷다 얼굴에 걸린 거미줄이나, 길을 걷다 밟은 젖은 낙엽을 마구 털어내듯. 추방당했다는 것은 버림받았을 뿐만 아니라 더는 쓸모가 없으며 초월적 가치나 존재 이유를 가지지 않는다는 것이다. 잠자가 변한 벌레나 영화《기생충》의 곱등이와 다르지 않다.

부채사회에서 실업자는 미래의 노동을 더는 담보해서 쓸 수 없는 상태가 될 뿐만 아니라, 현재의 부채조차 상환할 능력이 없는 상태로 전락한다. 결국 소비 능력이 마이너스 상태가 된 실업자는 사회가 잉태했지만 인정할 수는 없는 존재가 되어버린다. 지그문트 바우만^{Zygmunt Bauman}에 따르면, '실업'을 뜻하는 영단어 'unemployment'는 접두사 'un'이 내포하는바 정상에서 일탈한 비정상적인 상태를 나타내기도 한다.(『쓰레기가 되는 삶들』, 정일준 옮김, 새물결, 2008, 30쪽) 따라서 노동윤리 측면에서 실업에 처한 사람들은 자책감이나 죄의식을 가질 수 있으며, 자신을 비하하거나 심각한 사회적 고립감을 느낄 수 있다고 한다.

현대 사회에서 실업자는 이중적 의미를 지닌다. 사회가 인정하지 않는 낮은 존재면서, 신자유주의 질서가 추진하는 강력한 노동 통제와 저임금 정책 아래에서 항시적으로 고용이 불안정하게 된 데 따른 사회적 결과물이기도 하다. 실업자는 사회가 스스로 해결하지 못하면서도 끊임없이 만들어내는 현대 사회의 양면적 본질이다. 그렇다면 이 사회를 강력히 통제하며 기득권을 유지하려는 사람들이 사회의 구조적 본질을 건드리지 않으면서 사회 질서 내에서 실업 문제를 해결해보겠다고 하는 것은 과연 믿음직한 주장이라 할 수 있을까?

이런 의미에서 실업은 비록 노동하지 않는 상태, 즉 비노동의 상태지만 쉼과는 전혀 다른 상태다. 쉼의 상태를 여가나 레저, 또는 필요한 자원에 언제든지 접근할 수 있는 상태, 공공재에 쉽게 접근할 수 있는 상태로 정의할 수 있는 데 비해, 실업은 노동을 하지 않는 상태를 말하는 것이지만 그 실제는 개인적·사회적으로 암울하다. 실업은 사람이 온전히 쉴 수 있는 조건에 도달할 수 없는, 실패의 상태로 여겨지기 때문이다. 실업은 소비 능력이 전혀 없을뿐더러 사회적 자산과 국가 재정 측면에서 '마이너스'로 간주되고, 노동윤리적으로 죄책감을 느끼게 하는 상태다. 그래서 일을 쉬고 있는 실업은 오히려 현대 사회에서 긴장이 가장 극에 달해 있는 상태다. 실업자를 호모 사케르처럼 취급할수록 불안은 점점 사회를 잠식한다.

잘살려고 할수록 불안해지는 아이러니에 어떻게 응답해야 할까?

물론 실업이나 부채, 절대 빈곤이 필연적으로 생계형 자살로 이어지는 것은 아니다. 즉 생계형 자살은 경제적 상태가 나빠지면 발생하는 어떤 필연적 결과가 아니라, 대단히 일시적이고 정치적인 현상인 것이다. 제국주의 수탈이 극에 달했던 일제강점기에도, 해방 직후 격렬한 좌우 대립과 갈등 속에서도, 한국전쟁으로 폐허가 된 채 절대 빈곤과 부정부패의 늪에서 허우적대던 1950년대에도, 노동 억압과 불공정, 고문과 감시가 당연시되었던 독재정권 시절에도 자살이 고통받는 자가 상상하는 필연적 최종 선택지는 아니었다. 절대 빈곤의 시기, 큰 바위가 숨통을 짓누르는 듯하던 그 암흑의 시기에 사람들은 오히려 살기 위해 나무껍질을 벗기고 칡을 캐 먹거나, 살던 곳에서 밀려나 화전민이 되더라도 삶의 고통으로부터 탈출하기 위한 선택지로 자살을 택하지는 않았다.

예전이 더 행복했거나 낭만적이었다고 말하는 것이 아니다. 그런데도 그 시대와 지금을 '자살'을 통해서 비교해볼 때, 지금 사회가 자살을 더 많이 부추긴다는 것은 무얼 의미할까? 천정환(『자살론-고통과 해석 사이에서』)의 질문처럼 도대체 어떻게 해서 지금이 일제강점기보다도 더 살기 어려운 시대가 된 것일까? 더 풍요롭고, 감각적이고, 지식이 넘쳐나는 이 시대가 자살과 더 가까워진 것은 도대체 무슨 까닭일까? 더 건강하고 행복하게 살기 위해 만들어 놓은 것들이 오히려 우리를 죽음의 문턱으로 끌고 가는, 그런데도 여전히 우리를 죽음으로 끌고 가는 것들을 삶의 목표로 삼고 있는, 다시 말해 죽음이 삶의 목표가 되는 이 엄청난 아이러니에 어떻게 응답해야 할까?

오늘날의 소비 문화와 이에 따른 부채의 증가라는 악순환 현상에 대한 분석을 통해 생계형 자살의 원인을 어느 정도 이해할 수 있다 하더라도, 이 악순환을 끊는 방법을 찾고 실천하기란 쉽지 않은 일이다. 그러나 오늘날 소비 중독과 일 중독에 빠진 사람들이 스스로 기업이 원하는 자기계발에 충실해진다는 피로사회나 성과사회 차원의 분석이 우리가 찾으려는 해답의 첫 번째 실마리는 될 수 있다.

이 실마리가 단지 실마리로 끝나고 불안한 사회를 탈출할 해답의 지평으로 나아가지 못하면, 우리가 할 수 있는 것은 그레고르 잠자가 결국 딱딱한 등껍데기와 벌레 식성에 적응하였듯이 불안을 운명으로 받아들이고 늘 하던 주어진 일 속에서 이 사회가 원하는 '성취'의 과정을 아무 불평 없이 밟아가는 것뿐이다. 결국 우리는 우리 자신의 노동을 통해 가장 자유롭고 기쁜 상태에 도달하기보다, 반복해서 바위를 굴리는 형벌을 받은 시시포스처럼 오히려 그 노동의 결과로 소비활동에 중독되고 그 대가로서의 부채를 피할 수 없게 될 것이다.

성과사회, 피로사회, 부채사회의 악순환에 대한 섬세한 묘사와 형상화를 넘어, 이제 우리의 생각은 풍요와 웰니스라는 측면과 그 반대편에서 생계형 자살을 '방치하는' 두 얼굴의 현대 사회라는 괴물의 본질로 나아가야 한다. 그레고르 잠자가 어느 날 갑자기 벌레로 변한 이유는 과연 무엇이었을까?

'그리고 아무도 없었다',
개인과 사회의 공멸

영국 출신 추리소설가 애거서 크리스티의 유명한 작품 『그리고 아무도 없었다』(또는 『열 개의 인디언 인형』)는 약육강식의 원칙보다 더 잔인한, 상대를 죽이지 않으면 내가 살아남을 수 없다는 야만의 원칙이 어떻게 등장인물들을 공멸시키는지 잘 그려내고 있다. 이 소설의 줄거리는 다음과 같다. 익명의 초청장을 받은 여덟 명의 손님이 인디언 섬에 도착한다. 하지만 이들을 초대한 오웬 부부(오웬이란 이름은 결국 익명 Unknown이었음이 드러난다)는 섬에 없고, 인디언 섬 저택의 집사 부부가 이들을 맞이한다. 외딴섬 저택 안에 모인 열 명. 그러나 이 열 명은 시간이 지나면서 한 명씩 살해당한 채 발견된다. 피살자가 늘어나고 그때마다 방에 놓인 열 개의 인디언 인형이 하나씩 사라질 때, 남은 사람들의 불안과 공포는 점점 커지면서 결국 자신들 중 누군가가 살인자라는 의심을 갖게 된다. 여덟, 일곱, 여섯⋯. 넷, 셋, 둘⋯. 남은 이들이 줄어들수록 의심과 공포는 극에 달하고, 마지막 남은 둘은 서로 협력하기보다 상대가 살인자라 확신하고 살아남기 위해 서로를 죽이려 한다. 결국 남은 한 명도 과거 자신이 저지른 잘못을 떠올리며 방에 걸려 있는 올가미에 목을 걸어 스스로 목숨을 끊는다. 그리고 시간이 흘러 어느 선장이 바다에서 발견한 병에 담긴 편지가 런던 경찰청에 전달되면서 사건의 전말이 밝혀진다.

이 소설이 적나라하게 그리는 현실은 이제 낯설지 않다. 금전적 가치가 최우선인 야만의 원칙이 횡행하는 사회에서는 경쟁, 배신, 해고, 차별, 타인에 대한 무시와 모욕 등 어떤 것이든 가능하다. 그런 야만의 사회를 향한 가장 확실한 저주는 승자와 패자 모두 남김없이 사라지게 되리라는 것이다.

『SKY 캐슬』, 『비밀의 숲』, 『킹덤』, 『오징어 게임』 등 다양한 인간군상을 적나라하게 보여주는 TV드라마를 보더라도 상식과 정도를 넘은 개인의 비뚤어진 욕망에 더해 배신, 복수, 사기, 사이코패스 범죄 정도가 사건을 전개시키는 충격적인 소재였다. 하지만 현실의 잔인함은 드라마 작가들의 상상을 넘어서고 있다. 현실을 보다 감각적으로 재현하기 위해 드라마가 선택한 소재는 이제 좀비나 악령 같은 초현실적 대상에까지 이르렀다. 평범하고 일상적인 것으로 현실을 묘사하고 재현하기에는 현실이 너무나 빠르게 잔인하고 폭력적으로 변했기 때문이다.

좀비의 지배는 인간 사회의 공멸을 상징한다. 좀비가

활개치는 세상은 인간의 온기가 부재한 암흑의 폐허다. 좀비가 인간을 물어뜯어 좀비로 감염시킨 끝에 결국 인간이 사라진 세상이 되어버리면 마지막 남은 좀비는 자기를 물어뜯거나 영원한 배고픔의 늪에 빠지게 된다. 마찬가지로 사회가 인간과 그의 생명을 존중하지 않고, 개인들이 서로 사투를 벌이며 경쟁하는 것만이 삶의 방식이 된다면 개인도 사회도 더는 살아남을 수 없을 것이다.

사회가 유지되기 위해서는 무엇보다 사회를 구성하는 사람들의 관계가 경쟁이나 배제, 승자독식의 형태가 되어서는 안 된다. 무엇보다 각자의 존재와 활동이 타인의 생명과 존엄성에 반하지 않아야 한다. 베스트팔렌 조약과 함께 중세 질서의 해체, 절대주의의 등장, 근대 주권국가의 형성이라는 제도적 결과를 가져온 유럽의 마지막 종교 전쟁인 '30년 전쟁'(1618~1648)은 당시 평범한 사람들에겐 지옥 그 자체였다. 30년간 유럽대륙을 휩쓴 전쟁 때문에 도시와 농촌은 황폐해졌고, 학살과 범죄를 감내해야 했던 당시 일부 사람들은 빈곤 속에서 도적 떼가 되기도 했다.

전쟁과 그 이후의 처참함을 경험했던 토머스 홉스 Thomas Hobbes나 존 로크John Locke와 같은 근대 유럽의 사회 계약론자들은 이 야만의 시대를 이겨내기 위해 개인의 생명과 자유에 관한 자연권의 중요성을 앞세웠다. 그들은 약자를 죽이는 것이 살아남기 위한 한 방법일 수밖에 없었던 지옥 같은 상황의 끝에서 공멸共滅의 위기의식을 느끼며, 사람의 생명을 최우선으로 보호해야 하는 절실함을 가졌을 것이다. 전쟁의 폐허와는 정반대인 웰니스와 풍요에 둘러싸인 오늘날, 사람들이 자신의 생명을 포기하는 처참함을 목격하고, 아니 직접 겪고 있음에도 공멸의 위기를 극복하는 것이 절실하다는 주장을 그저 호들갑에 불과하다고 할 수 있을까?

이미 비상사태가 되어버린 기후위기 문제만이 아니라, 생계형 자살, 가족 살해와 '묻지마' 범죄의 사회적 확산, 그리고 이에 대한 무관심과 무기력함은 사회가 빠르게 소멸하여 '그리고 아무도 없게' 되는 최악의 상황에 대한 시그널일 수 있다. 아시모프의 로봇 공학 3원칙과 달리, 딥 러닝의 발전으로 점점 진화하는 인공지능이 수십 년 안에 인간의 역할을 대신하면서 인간의 존재론적 위기가 도래할 것이라는 우려가 커지고 있다. 이런 우려에 앞서, 이미 우리는 존재론적 위기를 자초하고 있는지 모른다. 출생률 저하에 따른 인구절벽의 현실은 이미 우리에게 존재론적 위기로 인식되고 있으며, 이를 해결하기 위한 다양한 대책이 여러 방면에서 논의되고 있기도 하다. 개인이 부담해야 할 생계비용을 절대적으로 증가시키는 공공재의 상품화와 복지예산의 삭감, 기업규제의 완화 및 불안정노동의 양산 등으로 우리는 항시적으로 불안한 삶에 노출되어 있다. 이미 인류만이 아니라 지구 전체 생태계의 비상사태가 되어버린 기후위기는 단지 플라스틱 제품이나 화석 연료 남용만이 아니라, 군산복합체와 금융 자본주의에 그 원인이 있다는 것이 여러 연구자들에 의해 증명되고 있다. 자본주의적 경쟁과 양적 성장 체제에 대한 근본적인 성찰과 외과적 수술이 필요한 이유다.

이러한 문제를 성찰하고 이에 대응하는 일이 시급하게 요구된다. 그렇지 못하면, 벽에 달라붙어 죽음을 기다리는 것이 차라리 편한 벌레가 된 그레고르 잠자처럼, 혹은 호모 사케르나 좀비처럼 오늘날 사람들이 또 다른 비극의 길을 걷게 될 수 있기 때문이다. 정책결정자나 정치가들에게 그냥 이 상황의 해결을 맡기고 기다리기만 하면 될까? 그들은 출퇴근 시간을 걱정할 필요도 없고, 좀 아프다 싶으면 병원비 걱정 없이 바로 병원에 며칠 입원할 수도 있고, 그렇게 해도 꼬박꼬박 통장에 월급이나 세비가 넉넉히 들어온다. 그들은 잘못된 정책 결정으로 자연재해를 인재로 확대시키고 민생을 외면했더라도, 시간이 지나면 마치 서민의 고통을 끝낼 해결사인 양 유권자들의 망각을 통해 다시 돌아온다.

그레고르 잠자처럼 벌레가 되어 죽기만을 기다리게 된 사회적 약자들은 정책결정자들이 제대로 된 정책을 만들고 행정기관이 그 정책을 제대로 집행할 때까지 잠시 냉동인간이 되어 고통과 불안을 뒤로한 채 마냥 기다릴 수 있을까? 혹은 정책결정자들은 사회적 약자들이 냉동인간처럼 버틸 수 있다고 생각하며 지금 당장 약자들의 목숨이 달린 중요한 결정을 늘 뒤로 미루는 것은 아닐까?

'모두가 공범이다',
집단적 익명에 의한 타살

애거서 크리스티의 또 다른 명작 『오리엔트 특급 살인』은 우리가 가져온 한 가지 익숙한 생각을 뒤틀어버린다. 잠시 줄거리를 살펴보자.

튀르키예 이스탄불에서 영국 런던으로 달리는 오리엔트 특급열차 안에서 살인 사건이 발생한다. 달리는 열차 밖으로 빠져나갈 수 없는 범인은 분명 특급열차에 탑승하고 있는 승객 중 한 명일 것이다. 그렇다. 살인을 저지른 범인은 틀림없이 그 안에 있다. 이 상황에서, 아주 우연히 그 열차에 탑승하고 있었던 명탐정 에르퀼 푸아로는 모든 승객의 탈출 가능성을 봉쇄한 채 사건을 수사하기 시작하지만, 사건은 점점 미궁에 빠진다. 사건 발생 시점에서 탑승객 전원의 알리바이가 사건과 무관한 것으로 밝혀졌기 때문이다.

이때 푸아로는 생각을 바꿔 수사의 방향을 반전시킨다. '만일 이 모든 탑승객이 공범이라면?' 결국 푸아로는 이 사건이 지난날 암스트롱 일가의 아이를 살해했던 유괴범을 암스트롱 일가, 그리고 이 가족과 친분 있는 자들이 찾아내 복수하기 위해 계획한 살인 공모였음을 밝혀낸다. 바로 모든 탑승객들이 살인의 공범이었다. 『오리엔트 특급 살인』은 푸아로가 수사에 성공하지 못했다면 살해 피해자는 있으나 살인자는 없는, '익명의 타살'이라는 개념을 상상케 한다. 모두가 범인이라는 상황이 아무도 범인이 아니도록 보이게 만들기 때문이다.

살기가 너무 힘들다는, 그러나 동시에 살고 싶다고 절규하며 스스로 목숨을 끊은 자살자에게 생계형 자살의 원인을 돌릴 수 있을까? 솟구쳐 오르는 전월세비와 불안정한 고용 상황으로 삶을 위협받는 노동자들, 개업할 때 들어간 인테리어 비용도 못 건지고 문을 닫아야 하는 영세 자영업자들, 도저히 왜 배워야 하는지 모르는 지식을 암기하기 위해 감옥 같은 질서 속에서 미래에 대한 두려움만을 쌓아가야 하는 '성적 낙오' 학생들, 인간의 권리가 아닌 사유화·상품화된 공공재에 접근하기 위해 빚을 내야 하는 사람들, 전염병 환자나 잠재적 범죄자 취급을 천형처럼 강요받는 장애인 가족들, 사랑이 사치가 된 청년들, 사는 이유를 생각할 틈 없이 그저 일하거나 일자리를 찾고 있거나 좋은 일꾼으로 간택되기 위해 노력하는 사람들, 그리고 이 고통의 상황들을 맨몸 하나로 감당해야 하는 사람들, 이웃들, 친구들, 가족들, 그리고 나 자신.

무능한 정부는 도덕적 해이로 도산 직전에 처한 대기업에 경제와 사회를 위한다는 이유로 막대한 공적 자금을 투여하는 데에는 분주히 움직이면서도, 이로 인해 고통받는 노동자를 위해 공적 자금을 투입하는 데는 주저한다. 그렇게 살려낸 기업은 정리해고와 임금 삭감의 방식으로 노동자를 내몬다. 기업을 회복시키기 위한 조치들은 '노동 개혁'이라는 이름으로 행해진다. GDP(국내총생산) 수치에 눈이 먼 정부는 대기업 프렌차이즈와 경쟁하다 골목에서 쫓겨나 가난한 도시 난민이 돼버린 영세 자영업자들을 보지 못한다.

경제성장을 상징하는 GDP는 인간 삶과 환경의 측면을 배제하고 오로지 '양적 성장'의 무게만 재는 비정한 저울이다. 쓰레기 배출량과 환자 수가 증가해도 GDP는 증가한다. 하지만 반대로 소비와 쓰레기를 줄이고 건강한 생활로 병원 이용률이 줄어들면 GDP는 상대적으로 감소한다. 삶의 질, 돈으로 환산할 수 없는 사회적 관계, 친환경적이고 절약하는 삶은 GDP 증가에 영향을 미치지 못하기 때문에 그 가치를 인정하지 않아도 된다는 것인가?

정부라는 든든한 배경을 둔 기업만이 이 사회의 유일한 고려 대상이고, 기업을 중심으로 한 사회적 삶만이 유일한 삶의 형태인 것인가? 기업 중심적인 사회에서 탈락한, 그래서 자기 방식의 삶을 선택할 수 있는 여지를 빼앗긴 사람들은 존엄하게 살 자격이 없는 패배자일 뿐인가? 엄청난 공적 자금이 투여되는 기업과 달리, 삶이 무너져내린 사람들의 고통은 그저 개인이 감당할 몫일 뿐인가? 이 거대한 성과사회, 부채사회 자체가 익명의 타살 또는 생계형 자살의 공범은 아닌가?

자살은 인위적으로 자기를 소멸시키는 행위다. 이 인위적 소멸이 어떤 종교적 거룩함이나 실존적 고뇌와 관련된 것이라 하더라도, 자살은 사실상 비사법적인(직접적인 법적 처벌 대상이 존재하지 않는다는 의미에서) '익명의 타살'이다. 특히 생계형 자살의 비사법적 범인은 사람들에게 우울함을 전파하는 (성과·부채)사회 그 자체이자, 사회에서 그러한 죽음을 애써 외면하는 자들이다. 이렇듯 스스로 삶을 포기하는 자살의 경향이 확산되고 있다는 것은 사회가 병들었다는 가장 심각한 징후다.

오래 지속 중인 한국의 높은 자살률은 개인의 생명 보호를 기본적인 목표로 삼는 법과 제도들이 사회 내에서 제 역할을 하지 못하고 있다는 사실을 보여준다. 자살을 방치하는 사회 어디에 생명에 대한 경외심이 있을까? 카뭐가 지금 여기를 목격했다면 이런 자살에 대해 뭐라고 말할까?

살려달라고 말하니,
기다리라고 답한다

어떤 자살이라도, 자살자의 진짜 목적은 현실과의 대화를 시도하는 것일지 모른다. 더는 살아 있는 자들과 대화하지 않겠다는 최후의 역설적 대화. 죄책감과 무능력에 따른 현실 도피든, 분노에 따른 개입과 저항이든, 자살은 현실에 대한 모종의 대응이며, 독백이나 방백이 아니라 현실에 혹은 살아남은 자들에게 무언가 말을 거는 행위다. 공교롭게도 자살자는 말을 건 뒤 살아 있는 자들 사이에서 사라져버린다. 말을 걸기 시작하자마자 바로 중단한다. 그런데 오히려 말을 던진 자가 사라졌기 때문에 더 많은 해석이 오가고, 드디어 살아 있는 자들끼리 대화를 시작한다.

자살이 말을 거는(발화) 행위이기는 해도, 살아 있는 자들 사이에 쓰이는 언어를 사용하는 상식적인 발화 행위는 아니다. 오히려 자살의 발화 행위는 기존 언어를 철저히 부정한다. 자살에 따른 발화자의 소멸은 현실에 남아 있는 사람들이 자살자와 직접 대화하기를 불가능하게 한다. 다시 말해 자살은 대화지만, 살아 있는 사람들의 언어 체계에서는 불가능한 대화다. 살아 있는 자들에게 대화를 거부하는 것으로써 대화를 시도하는 행위인 '자살'은 기존 언어 체계와 법적 담론에서 벗어나 있는(좀 더 분명하게는 '제외된') 사람이 지금까지 살아온 현실과 담론을 향해(그러나 그로부터 소외되어 있었던) 던지는 비정상적인 발화 행위다. 대화를 시도한 사람은 시작과 더불어 사라졌다. 대답은 불가능해졌다. 자살은 (더는 말할 수도 소통할 수도 없는) 비非언어적인 기묘한 의사소통의 시도다.

그러나 (이미 세상에 존재하지 않기 때문에) 비언어적 주체인 자살자가 현실과 대화하고자 한 시도는 자살이라는 발화 행위가 처음은 아닐 것이다. 자살이라는 비언어적 방식을 자살자 스스로 대화의 수단으로 선택한 것도 아니다. 그들은 이미 현재의 사회적 관계와 합법적 질서에서 사용되는 언어 체계의 대화 상대로는 적절치 않은 자(사회적으로 배제된 자, 신용불량자, 죄인, 백수, 왕따 등)로 여겨지기 때문에, 그들이 현실에 말을 거는 방법은 비언어적 방식일 수밖에 없다.

공동체와 법으로부터 보호받을 수 없었던 그들은 주류 사회의 언어를 사용할 수 없을 뿐만 아니라, 기성 언어로부터 추방당했다. 좀 더 솔직히 말하자면, 자살(시도)의 역설적 의미는 "살려달라!"이다. 나를, 내 식구를, 내 공동체를, 이 사회를 살려달라는 것이다. 때론 "내가 원하는 대로 나를 내버려 둬!"일 수도 있고, 또 때론 "정말 나를 이렇게까지 힘들게 해야겠니?"라는 원망의 절규일 수 있다. 아니면 "내 주장과 뜻이 얼마나 절실하고 중요한지 가장 확실하게 보여주겠어!"라는 절대적 의지의 표현일 수도 있다.

상담의 문도 두드려보고, 청원도 해보고, 힘을 모아 집회도 해보고, 채권자에게 피를 토하는 마음으로 무릎도 꿇어보고, 홀로 시위도 해보고, 법의 힘에도 호소해보았지만, "말할 자격이 없는 것으로 취급되는" 사람들이 결국 자살을 택하게 되는 이유는 현실의 질서와 법적 담론에서 자신들의 호소가 소음으로 왜곡되고 있다고 느꼈다는 데 있을 것이다. 자살을 선택한 자들은 어쩌면 같은 심정이었을지 모른다. '대화가 불가능하구나. 이제 더 살 이유도 방법도 없구나. 대화를 시도할 수 있는 마지막 방법은 하나뿐인 내 '생명'을 사용하는 것이구나….'

살려달라는 마지막 대화의 시도가 정말로 단 하나뿐인 생명을 사용하는 '자살'뿐이었을까? 왜 무한경쟁의 학교와 직장 감옥에서 뛰쳐나오지 못했을까? 해고, 실업, 빈곤, 부채의 악순환이 생애주기가 돼버린 도시 난민의 현실이 소비 능력이 없고 소유적 개인주의를 실현할 수 없는 사람들의 거역할 수 없는 삶의 방식일까? 조너선 스위프트Jonathan Swift의 소설 속 주인공 걸리버가 치를 떨었던 달걀 깨기 논쟁 같은 것으로 정치적 권위를 재차 확인하려는 저 뛰어난 위정자들의 느긋한 판단 하나하나에 우리의 운명을 맡기는 것 말고는 생명을 스스로 지킬 수 있는 능력도 의지도 없는 건가?

"아니요, 가능합니다"라는 복음이 정당, 사회운동 조직, 마을 공동체, 사회혁신 단체, 사회적 기업 등 여기저기서 들려온다. 이렇게 하고 저렇게 하면 우리는 사회를 바꿀 수 있고, 생명을 지킬 수 있다는 희망찬 외침이 들린다. 죽음과 같은 삶을 강요하는 이 사회를 벗어날 수 있는 새로운 항해가 가능하고, 방향을 정확히 가리키는 나침반과 커다란 돛대가 우리를 행복의 나라로 안내해줄 것이라는 이야기가 저잣거리에 자자하다. 오히려 넘쳐나고 있다. 정치가 바로 서고, 검찰과 경찰을 개혁하고, 학교 교육이 정상화되고, 과거의 어두운 역사가 청산되고, 경제 민주화가 이뤄지고, 복지예산이 증액되고, 에너지 정책을 개선하고, 국가보안법을 없애고, 협동조합이 발전하고, 사회적 기업이 정착하고, 대학 시스템이 변하면 된다고들 한다.

그런데 자살로 생을 마감한 자들, 삶의 밑바닥에 숨

어 사는 사람들이 그 복음을 듣지 못해서 혹은 그 뜻을 이해하지 못해서 살아서 할 수 있는 방법을 찾지 못한 것일까? 설령 그 복음을 듣지 못하고 무지했기 때문이라고 하더라도, 그들에게 책임과 잘못을 물을 수 있을까?

"잠시만 기다려!"라는 말은 절체절명의 위기에 빠진 사람들에게는 아무런 도움이 되지 않는다. 엘리트 정치인들이 법안을 발의하고, 심의하고, 예산을 추계하고, 국회 상임위에서 정쟁으로 잠시 법안심의를 계류하고, 본회의에서 다른 법안들과 함께 처리할 때까지 버티며 기다리라고 한다. 노동조합들이 단일대오로 합심하여 정치권을 압박함으로써 혁신적이고 대안적인 복지정책의 시행을 끌어낼 때까지 기다리라고 한다.

스스로 생을 포기하고 싶을 만큼 고통받는 자들이 이 '복음'을 들었다고 하더라도, 그들이 고통의 순간을 잠시 유예하고, 즉 굶기를 안 하고, 채권자들의 협박을 잠시 피하고, 딴생각 없이 학업에 집중하면서 복음이 실현될 때까지 기다릴 수 있을까? 기다려보겠다는 마음을 먹는다 해도, 복음 뒤에 들려오는 또 다른 소식이 예산과 여론을 이유로 여야 합의가 어려워졌다거나, 일부 대기업 노조가 전체 노동자를 위한 대의가 아닌 사적인 이해관계에 충실했다는 것이라면, 또다시 버텨야 하는 힘은 과연 어디서 나올 수 있을까? 혹은 지금 당장 따뜻한 밥 한그릇과 위로의 말 한마디가 필요한 사람들에게 시민의 권리로 누려야 할 제대로 된 복지와 지원을 제공하지 않고, 그 복지 제도를 경쟁 공모사업으로 탈바꿈해 쥐꼬리만 한 지원금을 던져주며 '창조경제'나 '사회적 경제'라는 명분으로 알아서 창업하거나 모임을 만들어 살아남으라 하면, 그것이 과연 복음일까? 여기에 각종 복잡한 행정 절차가 뒤따르고, 정부의 감사 대상이 되는 것은 덤이다. 정규직 연차휴가는커녕 시간제 아르바이트를 하며 화장실 갈 시간조차 마땅치 않은 사람들에게 자기 권리를 위해 광장에 촛불 들고 함께 나가면 세상이 바뀔 수 있다는 호소는 어떻게 들릴까? 코로나19가 창궐하면서 세상의 문이 닫혔을 때, 그들의 고통과 절규는 극에 달했을 것이다.

스스로 자원을 활용하고
관리하는 능력

한 가지 어려운 상황에 관한 가상의 시나리오에서 이야기를 풀어가고자 한다. 그 내용은 다음과 같다.

어느 항구 해양구조대에 10여 분 간격으로 두 개의 조난 신호가 들어왔다. 각각 항구에서 10시 방향으로 5킬로미터 떨어진 곳과 2시 방향으로 10킬로미터 떨어진 곳에서 들어온 SOS 신호다. 해양구조대는 오전 11시경 10시 방향의 조난 신호를 받은 후 신속히 상황을 파악했고, 난파한 배에는 한 명이 타고 있다는 것을 확인한 다음 항구에서 가장 빠르게 출동할 구조 선박을 준비하고 있었다. 그런데 10분 정도 지난 오전 11시 10분경 해양구조대는 2시 방향의 또 다른 조난 신호를 받게 되었다. 무려 50명이 탄 배가 난파한 것이다.

상황은 난감했다. 사정상 항구에서 출발할 수 있는 구조선은 단 한 척에 불과했기 때문이다. 정황상 한쪽을 구조하러 가게 되면 다른 한쪽은 포기해야 했다. 쉽지 않은 문제다. 한 명의 목숨과 50명의 목숨을 저울질해 무거운 쪽을 선택하면 해결되는 문제가 아니기 때문이다. 더욱이 조난 신호를 먼저 보낸 곳은 한 명이 타고 있는 난파선 쪽이었다. 우리가 단 한 대의 구조선을 보내야 할 최종 결정권자라면, 조난 신호를 먼저 받은 한 명이 탄 난파선과 그 이후에 조난 신호를 받은 50명이 탄 난파선 중 어느 쪽을 선택할 것인가?

현실에서 이런 상황은 발생해선 안 되는 불행한 사건이다. 구조선을 어느 한쪽에만 보내야 한다는 것도 비현실적이다. 무엇보다 이와 같은 상황에서 문제가 되는 것은 부족한 선박의 수보다는, 결정권자나 집단의 의지와 판단에서 비롯되기 마련이다. 가정에 대한 정합성을 떠나 이 상황적 난제는 몇 가지 생각할 거리를 우리에게 제공한다. 이 상황이 난제라고 한다면, 그 이유는 구조에 필요한 자원이 해양구조대 혹은 항구에 집중되어 있고, 이 자원을 관리하는 방식과 절차가 중앙통제적이고 행정관료적이라는 데 있을 것이다. 양쪽 모두의 난파선에 있는 사람들은 조난 신호를 보낸 후 구조선을 기다려야 할 뿐, 자기 생명을 지켜내기 위해 스스로 할 수 있는 일이 없다. 가지고 있는 자원이 아무것도 없기 때문이다. 그런데 이 글을 읽는 누군가는 다음과 같은 질문을 떠올릴 수 있을 것이다. "난파선에는 안전사고에 대비할 수 있는 소형 구명보트나 구명조끼가 없는 걸까?"

이 질문에서 출발하는 시나리오는 다음과 같이 전개될 것이다.

잠시 후 승객 한 명이 탄 배에서 연락이 왔다. "저는 지금 배에 준비된 구명조끼를 입고, 구명보트로 옮겨 탔습니다. 항구까지 별 탈 없이 도착할 수 있으니, 다른 배를 구조하러 가서도 좋습니다." 또 승객 50명이 탄 배에서도 연락이 왔다. "지금 모두가 선박에 준비된 구명조끼를 입고, 안전하게 구명보트로 옮겨 타고 있습니다. 구명보트와 조끼는 넉넉히 있습니다. 구조선이 오면 좋지만, 오지 않더라도 항구까지 가는 데 문제없을 거 같습니다."

만일 난파된 두 배에 남겨진 승객들이 스스로 안전하게 위기에 대처할 수 있도록 구명보트와 구명조끼가 선박에 준비되어 있고 누구나 이것들을 쉽게 이용할 수 있다면, 있어서는 안 될 위험한 상황이기는 하지만 구조가 그리 어려운 선택이 되지는 않을 것이다. 탈출과 구조에 필요한 자원을 멀리 떨어진 항구와 해양구조대에 의지하지 않고 승객 스스로 이용할 수 있기 때문이다. 자원을 적절히 분배하고 필요로 하는 사람들이 직접 관리, 이용하는 것이 생명과 인간의 존엄을 지키는 데 얼마나 중요한지 보여주는 예화다.

자유롭고 존엄한 삶을
지속하기 위한 역량과 커먼즈

또 다른 이야기를 덧붙이고자 한다. 개인의 존엄하고 자유로운 삶의 계발을 위해 필요한 능력인 '역량'capabilities의 중요성을 연구해온 마사 누스바움Martha Nussbaum은 『역량의 창조』「1장. 정의를 원하는 여성」에서 한 가지 사례를 든다.

인도 서북부 구자라트 주의 대도시 아흐메다바드에서 살아가는 아담한 체구의 30대 초반 여성 바산티의 사례를 살펴보자. 바산티의 남편은 도박꾼에다 주정뱅이다. 그는 집안의 돈을 전부 긁어다 술 마시는 데 썼다. (…) 날이 갈수록 남편의 학대가 심해졌고, 그녀는 이혼한 뒤 친정으로 돌아갔다. 가난한 가정의 부모(부모가 세상을 떴다면 형제자매)는 결혼한 자식, 특히 지참금을 챙겨 시집간 딸이 돌아오는 것을 반기지 않는다. 자식을 집에 다시 들이면 먹여 살릴 입도 늘고 새로운 걱정거리를 떠안아야 하기 때문이다. 바산티는 남편이 이혼에 순순히 응해주지 않고 이혼절차도 까다로워 무척 고생했다. 친정 가족이 다시 받아준 것은 정말 다행이었다. (…) 그 무렵 바산티는 가난한 여성을 돕는 아흐메다바드의 선구적 NGO 여성 자영업자 조합(SEWA)를 알게 됐다. (…) SEWA의 도움으로 바산티는 자신의 명의로 대출받아 오빠와 남동생이 빌려준 돈을 갚았다. (…) 몇 년 뒤 나와 인터뷰했을 때 바산티는 SEWA 대출금을 말끔히 갚았다고 했다. SEWA 교육 프로그램에 등록해 글을 읽고 쓰는 법을 배운 뒤 사회적·경제적 독립과 정치적 참여의 중요성을 주변에 알리겠다는 포부도 밝혔다.

—마사 누스바움, 『역량의 창조』, 돌베개, 2015, 13~14쪽.

누스바움은 바산티의 사례를 통해 대표적인 사회적 약자인 가난한 여성이 자신의 존엄한 삶을 스스로 발전시켜나갈 수 있는 '자유'의 상태로 가기 위한 필요조건이 무엇인지 폭넓게 연구하고 있다.

여기서 주목하고자 하는 것은 바산티가 자립할 수 있도록 지원해준 인도 NGO(비정부조직) SEWA(Self-Employed Women's Association)의 존재다. SEWA는 우리에게는 공공의료, 공공교육, 주거권, 기본소득, 최저임금, 노동권 등 공공재나 시민사회 기반과 같은 것이다. 사회안전망을 강화하고 그 수준을 높이기 위한 정부의 역할이 중요한 만큼, 인도에서든 우리 사회에서든 SEWA와 같은 NGO들도 많아져야 한다. 바산티에게 SEWA는 존엄과 자유를 회복하는 '역량'의 토대였다.

바산티가 SEWA를 알게 된 것은 이혼 후 생계에 어려움을 겪은 뒤다. 그런데 만일 바산티가 결혼 전부터 SEWA와 같이 여성의 자립을 지원하는 NGO나 사회 정책을 알고 있었다면, 혹은 그녀가 속한 마을 공동체에 누구든 필요할 때마다 이용하고 향후 능력이 허락하는 만큼 보상해도 되는 모두의 공동 자원이자 이 자원에 접근하고 이용할 결정권을 담고 있는 '커먼즈'commons가 있었다면, 그녀의 삶은 어떻게 전개되었을까? 더 좋은 남편을 만났을 것이라고 장담할 수는 없겠지만, 적어도 고난이 닥치더라도 더 용기 있고 멋진 선택을 스스로, 신속히 해냈을 것이라고 낙관할 수 있지 않을까?

커먼즈란 어떤 개인이나 집단이 특권을 동원해서 독점적으로 자격을 행사할 수 없는 자원과, 이 자원을 관리하는 규칙, 그리고 이 자원을 사용하고 규정을 결정하는 사람들의 복합체다. 즉 커먼즈란 삶에 필요한 자원, 이 자원을 함께 사용하는 집단, 그리고 이 집단이 자원의 사용을 위해 스스로 만든 규칙을 가리킨다. 핵심은 집단의 구성원들이 필요한 자원의 사용과 관리에 대한 규칙을 집단 스스로 결정한다는 것이다.

커먼즈는 중세 유럽의 목초지처럼 영주에게 소유권이 있으나 영주가 소유권을 독점하기보다는 지역 주민들의 생계를 우선하여 관습적으로 지역 주민들이 공동 관리, 사용하도록 한 데서 유래했다. 거기서 나온 이익은 영주를 포함해 주민들이 함께 나누었다고 한다. 우리의 경우, 전통적으로 계나 품앗이와 같은 사회적 관계, 마을 주민이 함께 쓰는 정자나 상여, 생활에 필요한 공동 목장, 공동 우물, 공동 수로, 마을 숲이 커먼즈에 해당한다. 좁게는 참여 구성원이 제한되는 문중의 선산이나 협동조합의 자산과 규칙이 커먼즈라 할 수 있고, 보다 넓게는 한 나라의 영토와 헌법, 인류가 함께 발전시켜온 지식, 누군가가 소유하리라고 상상할 수 없는 햇빛, 바다, 공기, 물과 같은 자연도 커먼즈 차원에서 접근할 수 있다.

커먼즈적 상상과 실천이 모두 바람직하고 옹호할 수

있는 것만은 아니다. 현재 남아 있는 전통적인 커먼즈의 활동 중에는 남성중심주의를 바탕으로 여성과 이주민의 그림자 노동과 희생을 통해 유지되어오는 것이 있기도 하다. 또한 현대 사회에서 커먼즈라는 이름이 명시된 현상 중에 '빗장 공동체' 차원에서 '우리'와 '그들'을 나누고, '그들'을 적대시하면서 자기 삶의 조건을 배타적으로 지키고자 '커먼즈'를 오용하는 경우를 어렵지 않게 찾을 수 있다. 즉 커먼즈는 언제나 민주주의라는 가치와 원칙을 통해 끊임없이 성찰해야 하는 활동이다.

인도 출신 철학자 아킬 빌그라미Akeel Bilgrami의 성찰에 따르면, 커먼즈란 '나눔'과 지속가능한 삶을 전제로 한다. 그리고 이 나눔은 혼자가 아니라 '우리' 또는 집단이 하는 행위이며, 누군가의 나눔이 다른 누군가한테는 지속 가능한 삶을 해치는 것이 된다면 그것은 커먼즈가 지향하는 나눔이 아니다. 세상을 순전히 혼자 사는 것이 아니라(이미 생물학적으로 엄마 뱃속에서 태어나기 때문에 불가능한 일이다) 함께 살아야 한다면 나눔은 선택적 사항이 아니다. 그리고 이 나눔이라는 상호관계적 행위는 기본적으로 서로의 의지를 전달하고 합의와 협력이 가능하도록 하는 대화를 필요로 하는데, 벌써 이 대화는 '언어'라는 커먼즈를 전제로 한다. 이러한 전제는 커먼즈가 인간 삶에서 새롭거나 낯선 것이 아니라, 삶과 분리될 수 없는 본질적 존재 형태에 속하는 것임을 의미한다.

분명 커먼즈는 인간의 삶에서 당연하고 가장 자연스러운 것이었으며, 삶을 지속하기 위한 가장 기본적인 조건이기도 했다. 적어도 '인클로저'라는 특정 집단의 이익을 목적으로 커먼즈의 삶을 파괴하는 폭력이 역사적으로 전개되기 전까지는 말이다. 인클로저enclosure는 오래전 영국에서 모직물 산업이 큰돈이 되자 지주나 사업가들이 더 많은 양모를 얻기 위해 공유지에서 사람들을 강제로 내쫓은 다음 울타리를 치고선 양을 키우는 사유지로 바꾼 역사적 사건을 일컫는다. 토머스 모어Thomas More의 말대로 결국 "양이 사람을 잡아먹은 꼴"이 되었다. 모직물 산업으로 막대한 이익을 얻은 '젠트리'gentry 계층은 새로운 자본가가 되었다. 원래는 낙후된 지역에 중산층 이상의 계층이 이주하면서 그 지역이 고급화되는 현상을 의미했다가 상업적 이익을 위해 원주민을 쫓아내는 현상을 일컫는 말인 '젠트리피케이션'gentrification의 어원이 '젠트리'에서 온 것도 커먼즈 및 인클로저의 역사와 관련이 있다.

조난자들이 구명보트와 구명조끼를 스스로 사용하고 이것들을 다른 사람들과 '나눔'으로써 함께 삶을 '지속'할 수 있었던 것처럼, 인도 여성 바산티에게도 SEWA가 오래전부터 곁에 있었다면 그녀의 삶은 애초 크게 달랐을 것이다. SEWA가 외부에서 수동적으로 제공되는 조건이 아니라 바산티 삶에서 커먼즈로 기능할 때, 그것은 그녀의 삶을 존엄하게 만드는 자유의 역량이 될 수 있을 것이다. 조난자, 바산티, 호모 사케르와 같은 존재처럼 불안 속에 놓인 이들을 포함한 사람들의 삶이 커먼즈와 연결되어 있는가의 여부는 매우 중요한 삶의 문제다. 특히 수백 년 전 영국의 인클로저처럼 공공재의 '사유화'와 '상품화' 행태가 오늘날에도 반복되고 확산되는 상황에서, 그리고 사람의 삶에서 당연하게 여겨졌던 커먼즈의 영역이 사라지고 커먼즈에 대한 상상이 낯설어지는 상황에서, 커먼즈를 다시 상상하고 회복하는 것은 불안의 사회를 이겨내고 공존을 도모하기 위한 대응이 될 수 있을 것이다. 커먼즈의 회복은 수동적이거나 의존적이지 않은, 삶을 존엄하고 자유롭게 하고 쉼을 가능하게 할 수 있는 역량의 문제이기 때문이다.

어떻게 존엄성을 지키며
살 것인가

인간 사회에는 위기가 항상 존재한다. 천재지변, 인재人災, 혹은 인간관계의 갈등 속에서 사람들은 예상치 못한 위기에 처하게 되고, 그 위기는 사람들을 좌절시키기도 하고 강하게 만들기도 한다. 위기에 대응하는 태도와 방식은 인간을 보다 존엄하고 위대하게 만든 역사의 가장 중요한 본질이다. 인간이 만든 문명은 어떤 의미에서 위기에 대응하는 방법의 역사적 산물이라 할 수 있다. 위기에 무력했다면 자연적으로 취약했던 인간이라는 종은 일찌감치 멸종되었을 수도 있고, 지금의 문명을 이루지 못했을지도 모른다.

위기를 극복하는 과정에서 실패와 좌절이 경험이 되고, 경험이 쌓여 삶의 지혜가 되는 수준이라면 다행이다. 그러나 실패와 좌절이 불행으로 귀결되고 되돌릴 수 없는 참극이 된다면 문제는 다르다. 최근 국내외에서 벌어지는 여러 위기와 참사, 코로나19 팬데믹 시대에 드러난 현대 사회의 수많은 사각지대를 보면, 대부분 위기에 처한 사람들이 (마스크, 백신, 음압 병실, 치료제, 안전한 생활공간, 교육의 기회, 일자리 등) 그들에게 필요한 자원을 구할 수 없게 되면서 비극이 발생하는 경우가 많았다. 또 위험의 외주화로 인해 비정규직 노동자들이 있어서는 안 될 황당한 산업재해로 연이어 목숨을 잃었다. '안전'을 위한 '2인 1조', 적절한 '휴식', '보호 장치'는 이들에게 무엇보다 중요한 자원이자 권리였다. 비정규직과 저임금, 나쁜 노동환경을 만드는 현대판 위계적 신분제와 같은 야만적인 하청 시스템과 외주화는 노동자들에게 가장 중요한 '자원'을 빼앗았고, 이들은 위기 상황에서 속수무책으로 목숨을 잃을 수밖에 없었다.

해마다 무더위와 혹한이 찾아오면 쪽방촌 주민들은 에너지 빈곤으로 고통받는다. 서울시가 자랑하는 수돗물 아리수조차 녹슨 수도관을 통해 전달되면서 필수재인 마실 물조차 이들에게는 당연하지 않은 '사치'가 되어버렸다. 영세 자영업자들은 임대인들의 약탈적인 임대료 인상으로 인해 장사가 잘돼도, 안 돼도 걱정으로 하루하루 소진하며 살아간다. 입시교육 이외에는 미래의 꿈과 역량을 키울 교육자원에 접근할 기회를 박탈당한 대한민국의 청소년들, 출발선 자체가 이전 세대와 달라 아무리 자기계발과 스펙 쌓기에 청춘을 바친다 해도 장밋빛 미래를 계획하는 게 어려워진 청년들, 치솟는 집값과 투기적 도시개발로 인해 주거권을 빼앗긴 서민들, 그리고 종교적 자유나 성적 자기결정권을 인정받지 못하고 사회적 존중을 받지 못하는 사람들도 마찬가지 경우다. 내전으로 삶의 토대를 송두리째 빼앗겼는데도 약탈자나 예비 범죄자로 취급당하며 수모를 겪는 난민들, 초국적 자본의 투기와 환경 파괴로 전통적인 삶의 방식과 생태적 자원을 잃고 빈곤으로 고통받아야 하는 지역 원주민도 단지 외부로부터 제공되는 인도적 지원만으로는 존엄성을 지키며 살아갈 수 없다.

쪽방촌 주민들 삶에서 최소한의 존엄성을 지켜줄 에너지는 어떻게 확보할 수 있을까? 가끔 지원되는 연탄이나 등유 몇 통에 의존하는 것이 해결책은 아닐 것이다. 자영업자, 청소년, 청년, 서민, 난민, 빈곤계층, 수많은 사회적 약자들에게 필요한 자원은 어떻게 그리고 누가 만들어낼 수 있을까? 코로나19를 경험하며 이에 대한 해답을 구하는 것이 얼마나 시급한지, 그리고 특정 집단이나 엘리트 관료가 이 문제를 해결할 수는 없다는 것을 우리는 알게 되었다.

다시 앞서 이야기한 해상의 조난자들과 바산티, 그리고 커먼즈로 돌아가보자. 조난자들이 위기 상황에서 생명을 구할 수 있었던 것은 스스로 이용할 수 있는 커먼즈가 있었기 때문이다. 바산티가 늦게나마 과도한 노동이나 대출에 허덕이지 않고서 새로운 삶을 시작할 수 있었던 결정적 계기는 지역 여성들의 커먼즈라 할 수 있는 SEWA를 만난 것이었다. 만일 이러한 커먼즈를 이용하는 데 특권적 자격이나 비용이 필요했다면 바산티나 조난자들 이야기의 결말은 긍정적이지 않았을 것이다. 또는 중앙집권적 권력의 결정에 따르는 수동적 상황이었다면, 이 또한 오늘날 우리가 위기를 대처하는 방식과 그리 다르지 않았을 것이다.

우리 스스로 존엄해지기 위해, 우리의 삶을 지키기 위해 현재 우리는 무엇에 주목하고 있는가? 필요한 공공재가 정부 대출 등록금 융자금이든 소상공인 재난 지원금이든 공공 일자리든 촘촘히 준비된 사회복지 및 공공 서비스든 간에, 우리는 공공재를 커먼즈 차원에서 사용하고 관리하려는 상상을 차단한 채 자원 이용 허가와 제공에 대한 기성 절차와 제도에만 충실하려고 노력하는 것은 아닌지. 커먼즈에 대한 상상과 실천을 익숙하지 않다는 이유로 주저하며 공공재에 대한 당연한 권리를 포기한 채, 공공재 분배 결정권을 가진 중앙 권력에 우리의 생각과 행동을 맞추는 데 급급한 것은 아닌지.

이제 커먼즈에 대한 발상의 전환이 필요한 때다. 우리가 편히 쉬고 싶을 때 곁에 둔 의자를 찾듯이 해상 조난자는 구조선에 앞서 선박에 준비된 구명보트와 구명조끼를 필요로 했으며, 인도의 바산티는 SEWA와 같이 언제든 도움을 받을 수 있는 사회적 자본 및 관계망, 쉽게 접근할 수 있는 정보를 필요로 했다. 사회적 약자나 보통사람들이 가지고 있거나 쓸 수 있는 자원이 무엇인지, 다시 말해 사람들이 의존하는 것이 부채인지, 상품인지, 공공재인지, 커먼즈인지에 따라, 현재의 사회적 정체성과 미래 설계는 달라질 수밖에 없다. 우리에게 필요한 자원, 제품, 서비스, 이용 규칙과 사회적 관계망을 스스로, 커먼즈의 방식으로 만들고 관리할 수 있다면, 불안을 극복하고 삶의 존엄성을 회복할 수 있을 뿐만 아니라 경쟁과 차별의 관계를 우정과 환대의 방향으로 바꿀 수 있을 것이라고 나는 생각한다.

일과 소비에 대하여
착각하는 사람들

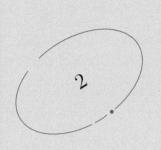

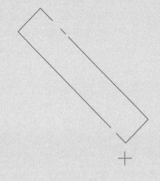

인간의 불행은 단 한 가지, 고요한 방에 들어앉아 휴식할 줄 모른다
는 데서 비롯한다.

— 파스칼

일이
욕망의 완성은 아니다

노동은 인간이 자기 보존을 위해 자신과 주변 환경 사이를 조정하는 고유한 활동이다. 즉 노동은 개인의 생명을 보호하기 위해 가장 기본이 되는 집단적 사회관계, 즉 사회성에 기반을 둔 활동이다(김경일, 『노동』, 소화, 2014, 24~25쪽). 노동은 생명을 유지하고 종족을 번식시키고 공동체를 유지하기 위해 인간에게 부여된 필수 요소다. 인간은 노동활동을 피할 수 없다(라르스 스벤젠, 안기순 옮김, 『노동이란 무엇인가』, 파이카, 2013, 20쪽).

피할 수 없으면 즐겨야 할 것인가? 독일 철학자 이마누엘 칸트Immanuel Kant는 노동이 사람들에게 삶의 의미를 제공하면서 만족을 주고 힘을 솟구치게 한다고 말한다.

반대로 노동하지 않는 인간은 지루함에 빠질 것이라며 노동 예찬론을 편다(스벤젠, 『노동이란 무엇인가』, 57쪽). 칸트의 노동 예찬은 노동이 생명 유지를 위해 필요한 것들을 얻고자 하는 행위이자, 사람이 살아가면서 부족하고 결핍된 것을 얻기 위한 활동이라는 측면에서 공감이 간다. 인간이 만족을 얻기 위해 하는 행위가 노동이라는 것이다.

그런 의미에서 노동은 어떤 '욕망'을 지향하는 행위다. 궁극적으로 노동은 생명이 편하게 유지되는 상태, 불안을 동반한 '통증'이 제거된 상태를 욕망한다. 욕망을 지향하는 행위라는 것은 노동이 어떤 결핍된 상태에서 벗어나 원하는 삶 또는 원하는 세계를 만들어가는 행위임을 의미한다. 건축물을 짓기 전에 머릿속에서 먼저 목표와 계획을 세우고 설계도를 그리듯이 인간의 노동이 어떤 목표를 지향한다고 말한 카를 마르크스Karl Marx의 생각은 이런 측면에서 이해될 수 있다. 노동은 생명을 유지하고 욕망을 실현하기 위해 외부환경과 끊임없이 관계를 맺고, 그 환경을 변화시켜나가는 사회적 활동이다. 그러므로 노동 혹은 노동의 기회는 인간에게 반드시 필요하다.

특히 노동이 사회성에 기초한 활동이라면, 노동이 만드는 세계는 개인의 실존적이고 독립적 세계가 아니라 사회적 관계망일 수밖에 없다. 따라서 노동은 그 자체가 사회적 현실이기도 하면서, 동시에 욕망이 실현될 수 있는 미래의 사회를 지향한다. 사람들이 미래 사회에 대한 비슷한 상을 공유하고 있는데, 각자의 욕망을 이루면 그 미래상에 부합하게 될 수 있을 것이라는 믿음이 사회적 관계로서의 노동을 가능하게 한다. 따라서 미래에 대한 어떤 믿음이 사회적으로 받아들여지는가에 따라, 그 사회가 추구하는 노동관계가 달라진다. 그만큼 어떤 사회적 믿음을 설계하는가, 그리고 누가 그 설계를 하는가가 중요하다.

노동(일)이 욕망의 완성은 아니다. 그것은 사회적으로 형성된 어떤 믿음, 어떤 욕망의 실현을 위한 시작이고 과정이다. 어떤 바람과 욕망이 이뤄지기 위해서는 노동이 필요하지만, 노동하는 것 자체가 욕망의 완성이나 종착지는 아니다. 따라서 노동을 예찬하기 전에 우리는 어떤 사회적 이데올로기 혹은 어떤 욕망의 체계를 앞에 두고 있는지 한번쯤 깊이 성찰할 필요가 있다. 취업을 위해 삶의 고통을 견뎌야 하고, 실업을 사회가 규정하는 부도덕한 상태로 몰아세우기 전에 생각해봐야 할 것이 있다. 우리가 노동을 통해 무엇을 이뤄낼 것인지, 경제성장의 목표나 국가발전 전략이 내가 일을 해야 하는 진정한 이유이자 동기인지를 고민해봐야 한다. 노동을 하는 동기에 대해 질문하지 않은 채 성장과 발전이라는 집단적 목표를 위해 동원될 뿐이라면, 그 노동은 시시포스에게 내려진 형벌과 다르지 않을 것이다. 노동의 의미를 형벌이 아닌 삶의 결핍을 만족으로 바꾸기 위한 진정한 활동으로 만들려면 무엇이 필요할까?

이 답을 찾다 보면, 하나의 고민이 뒤따른다. 결핍과 필요를 채워가면서 생명을 건강하게 유지하기 위해 노동을 해야 한다면, 사람들은 무엇이 부족한지, 불안을 동반한 통증을 해소하기 위해 무엇이 필요한지 어떻게 알 수 있다는 것일까?

결핍은 어떤 통증으로 자각된다. 배가 고프거나, 춥거나, 지속적인 위험에 처할 때 사람들은 통증을 느끼게 되며, 이 통증에서 벗어나는 데 필요한 것(밥, 집, 옷, 에너지, 약, 책 그리고 누군가에게는 사회적 인정, 이웃, 공동체, 권리 등)을 얻기 위해 노동을 하게 된다. 여기에서 인간은 지금 부족한 무엇인가를 채우려는 욕망을 실현하기 위해 다양한 상상력과 창의력을 발휘한다. 추위라는 고통을 이기기 위해 누군가는 옷을, 어떤 이는 땔감을 구하려 하고, 누군가는 운동으로 몸의 체온을 유지하려 할 수도 있다. 상황에 따라 어떤 상상력이 결합하는가에 따라 필요한 것을 얻기 위한 노동의 방향과 종류가 달라진다.

하지만 노동의 결과가 반드시 결핍의 충족과 욕망의 실현, 그리고 불안의 해소로 이어지는 것은 아니다. 생명을 유지하고 결핍을 채우는 데 필요한 자원을 얻기 위해 시작한 노동 그 자체가 결핍을 해결하는 자원이나 욕망의 완성은 아니기 때문이다. 특정 노동행위는 특정 욕망을 향하고, 사람들은 자기 욕망을 실현하기 위한 노동을 갈망한다. 좋은 일자리에 대한 꿈을 키우는 것이다. 오히려 노동은 만족스러운 결과물을 얻기 전까지는 또 다른 고통과 결핍의 원인이 되기도 한다. 가령, 과거에 살았던 사람들은 배고픔을 이겨내기 위해 수렵과 농경을 시작했다. 이를 통해 얻은 결과물이 자신들의 배를 채울 것이라는 믿음과 기대가 이들로 하여금 노동을 하도록 이끌었을 것이다. 하지만 이 믿음이 당장의 허기를 해결해주지는 못한다. 그 행위 자체가 먹을거리가 되어 위장을 채우고 영양을 공급하는 자원으로 변하는 것은 아니기 때문이다. 오히려 열매를 수확하고 사냥감을 잡을 때까지 그들은 부족한 먹을거리로 허기를 달래야 했다. 이전에 수확한 먹을거리를 저장하고 가진 것을 공유하기도 했겠지만, 타인의 것을 약탈하기도 했다.

허기진 배와 정신적 결핍을 채우려고 시작한 노동이지만, 육체적 피로와 정신적 스트레스로 처음의 허기와는 또 다른 고통을 느끼게 된다. 어떤 노동행위는 바라던 결과물을 손에 얻지 못한 채 실패로 끝날 수도 있다. 자신도 모르는 사이에 자신의 노동행위가 불법이 될 수 있고, 타인의 권리를 침해하거나 갈등을 일으키는 소지가 될 수도 있다. 또는 노동생산물이 자신의 욕망을 실현하고 결핍을 채우기도 전에 타인에게 양도되거나 갈취당할 수도 있다. 외부환경과 직접 부딪치면서 진행되는 노동행위가 예상치 못한 위험, 그리고 불법과 갈등 상황에 맞닥뜨려 바라던 결과를 얻지 못하게 되면, 사람들은 피로감과 상실감을 느끼고 오히려 더 고통스러워하기도 한다. 노동이 시시포스의 끝없는 형벌로 느껴지기 시작하는 것이다. 만족스러운 결과물을 얻지 못하는 노동 그 자체는 욕망을 충족시키지 못할뿐더러, 불안을 동반하며 또 다른 고통의 원천이 되고 사람들이 꿈꾸는 미래를 만들지도 못한다.

인간은 역사적으로 특정한 노동방식과 생산물의 분배 규칙을 정하는 과정에서, 노동의 목적과 방법을 규율하는 특정 사회나 국가 공동체를 만들었다. 그러면서 집단 정체성과 미래에 대한 신념 체계를 만들고, 이 신념 체계를 중심으로 구성원들의 다양한 욕망을 조정하려 했다. 그러나 역사적으로 공동체를 통해 노동을 규율하려는 시도는 개개인이 품고 있는 욕망을 실현하는 방향과 정반대로 나아가는 역설을 낳기도 했다. 이탈리아 파시즘과 독일 나치즘, 동유럽과 구舊소련의 국가사회주의, 한국의 권위주의적 발전주의는 전체라는 환상을 위해 개인의 욕망과 노동을 좌초시킨 역사의 대표적 사례다.

노동이 결핍을 해결해준다?,
'착각 노동' 판타지

　　　　　　　　오늘날 '노동'을 뜻하는
영단어 'labour'도 언어적으로 노동이 욕망의 성취보다는
고통이 뒤따르는 것임을 암시한다. 영어 'labour'는 독일
어 'arbeit', 프랑스어 'travail', 에스파냐어 'trabajo'와 의
미가 같다. 이 말들은 고대 로마의 노예들이 짐을 지고 뒤
뚱거리는 모습을 'laborare'로, 노예들과 게으른 노동자
에게 형벌을 줄 때 사용한 멍에를 'tripalium'으로 표현
한 것에서 유래했다고 한다. 영어 'labour'를 뜻하는 그리
스어 'ponos'는 다른 불행들과 함께 판도라의 상자에서
나온 것으로 번뇌, 슬픔, 고통으로 가득 찬 저주받은 대상
이다.

　반면 영단어 'work'는 독일어 'werken', 프랑스어
'œuvre', 라틴어 'facere/faber'와 의미가 같은데, 고통과
형벌의 의미가 담긴 'labour'와 달리 업적, 산출, 창의적
작업, 자율적 생산이라는 긍정적 의미가 담겨 있다. 레이
먼드 윌리엄스Raymond Williams도 'labour'는 'work'(작업)와
함께 'pain'(고통)이나 'trouble'(골칫거리)이라는 의미를
함축하고 있다고 설명한다. 'labour'의 의미에 초점을 두

면, 노동은 고통과 함께 시작하고 진행되는 것이다. 한나 아렌트Hannah Arendt가 'work'를 'labour'와 구분한 이유는 바로 20세기 중반 자본주의 산업사회에서 'work'의 긍정적 의미가 상실된 'labour'로서의 노동, 즉 타율적이고 강요된 노동행위만 남아버린 현실을 경고하기 위해서였다.

고통을 동반하는 '노동'에 대한 정의와 달리 칸트처럼 노동 예찬이 가능하려면, 노동이 원하는 결과와 만족감으로 이어진다고 확신해야 한다. 그리고 노동하는 자가 얻는 삶에 대한 만족감과 행복의 크기가 노동하지 않는 자보다 분명히 커야 한다. 그러나 칸트의 노동 예찬은 칸트 철학의 초월성만큼 현실 세계에서 크게 벗어나 있다.

신자유주의 체제에서 피로사회, 성과사회, 일 중독, 자기계발, 취업 걱정 등은 바로 고도로 정교화된 칸트식 노동 예찬의 다른 이름들이다. 부모의 유산이라는 불로소득으로 사는 사람과 '흙수저'로 태어나 살아야 하는 사람 모두에게 노동은 예찬의 대상이 아니다. 전자는 스스로 노동할 필요가 없다. 후자는 노동이 지긋지긋하지만 빠져나올 수 없는 늪인 데다가, 자기 노동에 대한 대가 또는 결과가 기대에 미치지 못할 때는 크게 좌절하기도 한다. 사회적 가치 생산에 아무런 기여도 하지 않는 부동산 투기로 몇십 배의 이익을 얻으며 호의호식하는 사람들이 있는가 하면, 부동산 투기로 오른 전월세를 해결하기 위해 원치 않는 노동을 쉬지 않고 해야 하는 사람들이 있다. 그들이 노동하지 않아도 되는 사람들과 스스로의 처지를 비교할 때 느끼는 좌절감은 엄청나다. '그나마 일할 수 있는 것에 감사하자'라고 아무리 스스로를 위로하려 해도, 어느 날 갑자기 '벼락 거지'가 된 듯한 상실감을 느끼고, '뼈가 부서지게 일해도 나아지기는커녕 빚만 늘어난다'며 자신이 짊어진 노동의 무게를 버거워한다. 이런 현실을 뒤로한 채 외치는 노동 예찬은 주어진 노동이 욕망을 실현하고 결핍을 채울 수 있는 유일하고 최종적인 방법이라는 '착각 노동'이라는 판타지를 퍼뜨린다.

프로이트Sigmund Freud에 따르면, '판타지'fantasy란 사람들이 무의식적으로 상상한 욕망을 진짜 욕망으로 받아들이게 하는 기제다. 판타지에는 받아들이기 힘든 외부 충격에서 비롯한 불안을 줄이면서, 자기 욕망을 지키려는 방어적 기능이 있다. 복권을 사거나 드라마를 보는 이유 중 하나는 바로 지치고 힘든 삶에서 오는 불안감을 줄여주는 판타지의 방어적 기능이 필요해서일 것이다. 프로이트의 판타지 이론을 보다 확장한 라캉Jacque Lacan은 판타지가 특정 욕망과 이미지를 조합해서 의미를 만들고, 이 의미를 토대로 사람들이 욕망을 자신의 것으로 받아들이게 된다고 보았다.

불안이 잠식한 사회에서 사람들은 자신이 원하는 기

쁨을 누리기 어렵다. 마치 필요한 상품을 구입해 사용하면서도, 기대했던 만족감이 채워지지 않는 것과 같다. 취업 자체가 지금까지 겪은 고통 자체를 한꺼번에 없애주지 못하는 것과도 같다. 거북이를 따라잡을 수 없는 아킬레우스와 같으며, 프란츠 파농Frantz Fanon이 『검은 피부, 하얀 가면』에서 분석했던, 프랑스 점령 시기 백인이고자 했지만 백인이 될 수 없던 알제리의 흑인과도 같다. 상품과 만족감, 취업의 기쁨과 일터의 현실, 아킬레우스와 거북이, 파농의 책 속에 묘사된 흑인과 백인 사이에 놓인 만날 수 없는 거리, 이것이 바로 결핍이다. 이 결핍을 채우는 데 필요한 그 무엇에 대한 간절함이 욕망이다. 하지만 이 결핍을 채우려는 어떤 시도도 가능하지 않거나 그 시도가 그 무엇을 제대로 찾지 못하고 실패할 때, 사람들은 소외감을 느낀다.

판타지란 바로 결핍된 곳을 무엇으로 채울지 말해주면서 그것을 간절히 바라도록, 그리고 영원히 갈망하게 한다. 그래서 판타지는 그야말로 어떤 완벽하고 최종적인 일치라는 종착점이 없는, 말 그대로 '판타지'일 따름이다. 취직만 하면, 로또만 당첨되면, 결혼만 하면, 대통령에 당선만 되면, 통일만 되면, 재개발 승인만 떨어지면, 마치 관련된 모든 갈등이 사라지고 꿈이 이루어질 수 있다는 강한 믿음의 생산이 판타지의 힘이다. 하지만 판타지는 결핍을 채우고 만족감을 얻게 될 것이라는 일종의 착각일 뿐, 도달할 종착점이 없다. 만일 어떤 종착점에 도착해서 결핍이 사라졌다고 느끼거나 이런 결핍을 채우는 것은 거짓일 뿐 불가능하다는 판단에 이르게 되면, 판타지는 무너진다.

'착각 노동'이라는 판타지는 사람들이 삶에서 진짜 필요한 것을 얻지 못하면서도, 실업에 대한 두려움 속에서 자신의 노동을 충실히 되풀이하도록 하고, 노동에 중독되도록 한다. 거북이를 따라잡지 못하면서도, 바위가 다시 굴러떨어질 것을 알면서도 아킬레우스가 달리기를, 시시포스가 바위 굴리기를 멈추지 않는 것과 같다. 우리는 비록 지금의 노동이 나를 힘들게 하지만 이 노동의 종착지에는 성취, 보상, 만족이 있을 것이라고 믿는다. 힘든 것은 이 종착지에 가기 위한 필요조건일 뿐이다. 그래서 사람들은 "나는 무엇을 위해 이 일을 하고 있는 것인가"라는 성찰 없이, 종착지에 도달하기 위해 각종 진통제와 피로회복제, 다양한 자기계발 프로그램을 곁에 둔다. 그런데 과연 이들은 기대했던 종착지에 도착할 수 있을까? 노동에 대한 이러한 믿음이 착각은 아닌지 한번쯤 의심해볼 필요가 있지 않을까?

착각 노동에 빠져들면 들수록, 사람들은 노동하지 않는 상태, 즉 '실업'이나 '폐업'을 결핍과 고통에서 벗어날 가능성이 없어진 좌절의 상태이자 욕망을 실현할 수 없는 상태로 취급한다. 공공재와 커먼즈를 키워나가거나 이를 위해 필요한 정치적 참여에는 주저하면서, 오로지 일하지 않는 것을 불안해하고 두려워하며 일하지 못하게 된 스스로를 도덕적으로 무책임한 존재이자 인생에 실패한 사람이라고 여기며 자책한다. 그리고 '임금 노동' 여부와 '임금 수준'을 인생의 성공과 실패를 나누는 척도로 간주하며 노동행위와 취업에 더 강박적으로 집착한다. 착각 노동이라는 판타지의 힘이다.

이런 사람들은 자신의 진짜 욕망보다는 노동시장이나 기업이 원하는, 즉 내가 아닌 타자의 욕망을 실현하기 위해 쉬지 않고 일자리를 찾고 일을 한다. 이러한 강박은 자기가 원하는 것이 무엇인지보다는 타자가 원하는 것이 무엇인지를 알기 위해 '공부'하도록 이끈다. 타자의 욕망을 충족시키는(사실은 충족시킬 것이라고 믿게 하는) 방법을 공부하는 것이 바로 '자기계발'이다. 자기계발을 연마하면 할수록 사람들은 자기 욕망에 관한 관심에서 멀어지며, 끝없는 노동의 형벌을 받는 시시포스를 자청하게 된다. 착각 노동이 맞이하는 최후일지도 모른다.

이것은 오늘날 취업, 일자리 창출, 고용률이 분배적 정의보다 우선시되는 상황과 무관치 않다. 착각 노동은 좋은 일자리든 나쁜 일자리든 일자리를 많이 만드는 것이 마치 이 사회에 정의로운 분배를 실현시키는 것이라는 착각을 불러일으킨다. 자기 노동의 대가로 얻은 자원만이 정당하고, 어떤 이유에서든 일하지 않는, 혹은 일할 수 없는 사람이—그 사람이 어떤 종류의 사회경제적 약자인지, 또 왜 그런 약자가 되었는지는 고려하지 않고— 일한 자가 낸 세금이나 기부를 통해 지원받는 것은 기본적으로 바람직하지 않거나, 사회적 갈등과 논쟁을 유발할 수 있는 문제라고 여겨진다.

분명 노동은 결핍을 채우기 위한 중요한 행위지만, 그 자체가 결핍의 해결 방안이나 욕망의 완성이라고는 할 수 없다. 신자유주의가 지배하는 사회에서 노동의 기회를 얻게 된 순간, 혹은 노동의 대가를 받게 된 순간이 고통을 해소하고 욕망을 실현한 상태를 의미하지는 않는다.

일할 기회(취업 또는 돈 벌 기회)를 얻었다고 좋아할 수만은 없다. 취업을 했다고 해도 업무 성과를 내기 위한 또 다른 노력과 경쟁이 기다리고 있다. 취업이 아닌 벤처기업, 스타트업, 사회적 기업 등을 통한 창업도 마찬가지다. 취업을 하기 위해서는 여러 가지 자기계발과 준비가 필요하고, 더욱이 창업을 위해서는 사무실 임대, 인건비 마련을 위한 대출 등 많은 준비가 추가로 필요하다. 통장에 입금되는 급여나 수익은 각종 대출 원리금, 카드 결제대금, 통신비, 디지털 콘텐츠 이용료, 각종 민간 보험비,

사교육비 등으로 빠져나간다. '필요한 용도'만을 위한 알뜰한 지출을 계획한다 해도, 의료, 주택, 교육, 교통 등 공공재가 점점 더 사유화가 됨에 따라 개인의 지출 또한 늘어나게 된다.

일하게 돼서 다행이라 생각할 수 있다. 그러지 않았으면 저 많은 공과금과 카드 대금, 각종 대출 원리금조차 제때 갚지 못해 지금보다 못한 삶을 살 수도 있기 때문이다. 그래서 감사하는 마음으로 더 열심히 일하게 된다. 하지만 여기에 감각을 넘어 무의식의 영역까지 파고드는 수많은 상품 광고에 둘러싸인 채, 사람들은 불안과 대리만족이 교차하는 가운데 '이건 꼭 사야 해!'라는 충동을 느끼며 불필요한 상품을 구매하고, 점점 더 짧아지는 주기로 상품들을 갈아치운다. 상품의 내구성이나 오래된 물건이 가지는 가치는 점차 퇴색하고, 얼마나 최신 상품인지 얼마나 빨리 업데이트되는지가 구매의 척도가 되고 있다. 인공지능과 사물 인터넷이 강조되면서 내 삶의 효용 가치를 최대화할 것만 같은 최첨단 웨어러블 장비들이 일상을 지배할수록 우리가 구매해야 할 상품, 우리가 비용을 부담해야 할 에너지에 대한 의존도는 높아진다. 오늘날 노동은 더 많은 소비를 위한 것이고, 노동의 대가인 임금은 미래의 노동을 담보로 사용된 과거의 소비 속으로 사라진다.

착각 노동은 소비의 늪에 빠진 나 자신이 마치 욕망을

실현한 사람인 양 인간을 또 다른 착각의 늪에 빠뜨린다. 이 늪 속에 가라앉지 않기 위해 착각 노동의 강도는 더 세질 수밖에 없다. 마침내 우리 일상에서 과도한 소비와 그에 따른 부채 증가의 속도는 임금이 축적되는 속도보다 빨라진다. 장시간의 강도 높은 노동을 해서 GDP가 증가하고 밤하늘의 스카이라인은 높아지고 화려해져도, 신화 속 시시포스처럼 무의미하게 반복되는 노동은 형벌처럼 느껴질 뿐이다. 거북이를 따라잡을 수 없는 아킬레우스처럼, 눈앞에 있는 듯한 욕망은 결코 실현되지 않는다.

노동의 소외, 사물화
그리고 인간의 소외

이미 19세기 말 프랑스 혁명가 폴 라파르그Paul Lafargue는 "우리의 시대는 노동의 시대라고 불렸지만, 사실상 그것은 고통과 비참과 타락의 세계"라고 선언했다. 그는 오히려 '게으름의 권리'가 인간의 다른 어떤 권리보다 더 성스러우며, 반복되는 노동의 고통을 치유할 것이라고 했다. 영국에서 활동하는 스위스 태생의 작가 알랭 드 보통Alain de Botton이 "경제 발전의 진정한 비극 중 하나는 물질적 조건을 향상시키면, 인간이 더 행복해진다고 생각하는 것"(『사피엔스의 미래』, 모던아카이브, 2016)이라 말한 것도 이와 같은 맥락일 것이다. 무엇보다 자본주의 사회에서는 자신의 노동으로 만든 생산물이 자기 결핍을 채우는 데 사용되지 않는다. 노동자들이 자신이 만든 생산물을 백화점 진열대에 놓인 낯선 상품처럼 노동을 통해 번 돈으로 구매해야 할 때—물론 돈이 있다고 원하는 물건을 쉽게 구할 수 있는 것도 아니다. 상품 가격은 점점 오르는 경향이 있다— 노동의 소외가 발생한다.

카를 마르크스는 1884년에 쓴 『경제학-철학 수고』에서 '노동'의 문제를 철학적 주제이자 정치경제적 연구 대상으로 보았다. 마르크스는 노동을 가리켜 인간의 본질적 요소라고 했다. 그리고 자본주의 사회에서 그러한 노동의 생산물이 다시 구매해야 하는 상품이 되는 것, 노동과 그 생산물이 노동자와 분리되는 것을 노동의 소외이자, 인간의 소외라고 분석했다. 소외란 자기 생산물로부터의 소외뿐만 아니라, 노동행위가 나 자신의 의지가 아닌 고용주의 요구에 맞춰야 하는 데서 발생하는 강요된 노동이 초래하는 소외, 그리고 자연을 포함해 인간이 속해 있는 세계가 인간의 능동적이고 자율적 활동을 보장하는 곳이 아니라 인간과 대립하며 인간을 수동적으로 만드는 낯선 대상이 되는 소외를 모두 포함한다. 결국 우리가 사는 이 현실과 사회적 관계가 우리를 이 세계로부터 점차 소외시키고 있다는 것이다. 우리가 만들어가는 세계가 우리를 불안하게 하고, 그 불안이 이 세계를 유지해나가고 있는 것이다.

글로벌 자본주의 질서가 정하는 노동 방식에서, 사람들은 자기 노동을 통해 생명을 유지하고 존엄성을 지키며 서로 협력하고 인생의 행복을 찾는 유적類的 존재로서의 삶을 살기 어렵게 되었다. 오늘날 사람들에게 '소외'란 피할 수 없는 운명이다. 마르크스는 이후의 저작을 통해 인간의 소외와 당시 자본주의의 관계를 분석하면서, 인간이 소외되지 않고 세계와 조화를 이루는 공동체적 삶을 회복할 수 있는 정치적 방법을 제시했다. 즉 '소외'에 대한 탐구를 통해 유적 존재로서의 인간의 회복, 세계와 인간의 조화를 가능하게 하는 실천적 과제를 찾아 나섰다.

마르크스 이후 노동과 소외의 문제는 죄르지 루카치 György Lukács의 '사물화'事物化(reification) 개념으로 발전했다. 특히 그는 서구 근대화 과정에서 비롯된 강제된 형식과 계량적 틀에 노동이 수치화되면서 인간 노동의 질적 차이와 개성이 없어졌다고 보았다. 인간 존재와 노동의 가치가 몰가치적으로 사물화되었다고 주장한 것이다.

루카치의 소외와 사물화 연구는 이후 사회주의뿐만 아니라, 양차 세계대전의 참극을 경험한 유럽 사회에 큰 영향을 미쳤다. 그의 연구는 서구 근대 이성과 계몽에 대한 역사철학적 비판을 수행한 호르크하이머Max Horkheimer, 아도르노Theodor L. W. Adorno, 마르쿠제Herbert Marcuse 등 프랑크푸르트의 비판이론 학자들에 의해 집대성되었다. 특히 호르크하이머와 아도르노는 공저 『계몽의 변증법』을 통해 근대화와 산업화 이후 사람들이 스스로 마주하고 상대하는 (자연을 포함한) 대상을 수치·계량화하여 주체/주인의 위치에 선 것처럼 보이지만, 결국 자신이 만든 객체(상품)에 의존하면서 수동적으로 동일화(모방화)되어 스스로 수치화·계량화된 객체로 전락했다고 주장한다. 인간은 더 이상 살아 숨 쉬는 자유로운 영혼의 소유자가 아니라, 상품처럼 생명 없는 대상과 같아지는 과정에 빠져들었다. 단일한 상징적 질서 혹은 가치로 계량화되어 평가되면서, 각자가 가진 개성과 차이가 없어지기 때문이다. 차이가 없어지고 모두가 똑같이 계량화되어가는 과정은 인간의 자율성과 다양성이 상실되고, 전체주의적 사회가 되어감을 의미한다. 정부와 기업이 책정한 목표, GDP, 국가경쟁력 순위 같은 계량화된 수치가 마치 개인의 욕망 실현과 같은 것으로 여겨진다. 이것은 우리를 '착각 노동'의 메커니즘에 위치시킨다.

1960년대 이후 자본주의가 상대적으로 발달한 유럽에서부터 현대 자본주의 사회에서 많은 사람이 소외를 경험하고 그 문제를 알고 있으면서도 왜 이러한 소외 구조에 스스로 침몰할 수밖에 없는지에 대한 질문을 던지기 시작했다. 앞서 언급한 정신분석학자 프란츠 파농은 『검은 피부, 하얀 가면』을 통해 백인이 되려는 불가능한 욕망 속에 흑인 자신들을 가둬놓은 '타자화' 담론 때문에 알제리 흑인들이 독특하고 기이한 식민주의적 소외에 빠졌음을 주장했다.

일부 흑인들은 자신을 지배하고 억압해온 백인과 같아질 수 있을 것이라는 불가능한 욕망 속에서 자신을 흑인이 아닌 백인의 위치, 즉 하얀 가면 위에 놓는다. 하지만 흑인이 느끼는 식민주의적 소외는 흑인에 대한 백인의 지배구조를 더욱 단단하게 했다. 백인이 되고자 하는 욕망이 클수록 백인 지배구조에 더 순종하고, 욕망을 이룰 수 없는 현실로 인해 소외는 더욱 커질 수밖에 없다는 것이다. 파농은 프랑스의 지배를 받았던 알제리 흑인들이 겪는 자신에 대한 타자화 현상, 스스로를 흑인이 아닌 것처럼 착각하는 모습이 단지 개인적 정신병리 현상이 아니라 식민주의와 제국주의라는 구조적 맥락에서 만들어진 것이라고 보았다. 그래서 흑인들이 타자화의 구조를 벗어나 스스로 자아를 찾을 수 있어야 식민주의적 소외를 극복할 수 있다고 했다.

오늘날 우리 사회에서 소수인 재벌, 고위 관료, 주식

투자나 부동산 투기로 큰돈을 번 사람들의 모습이 나머지 대다수 사람들에게 매력적으로 다가가는 것도 이러한 맥락에서 이해될 수 있다. 부자의 삶과 욕망을 '나'의 삶과 욕망으로 착각하고, 자신의 사회경제적 위치를 부자의 사회경제적 위치로 치환하기 때문이다. 평범한 사람들의 자아에 대한 왜곡된 타자화는 자신을 둘러싼 사회경제적 구조를 무시한 채 '영혼까지 끌어모아' 부자들의 생활 방식을 흉내 내게 하고, 그들처럼 일하면 그들처럼 성공할 수 있을 것이라고 착각하게 한다.

타인에게 버려지지 않기 위해
나를 버리다

　　　　　　　언제 어떻게 시작되었는지 물을 새도 없이, 사람들은 타인의 욕망에 맞춰 살며 자기 앞에 있는 거대한 질서와 윤리에 순응한다. 그리고 이 질서와 윤리에 최적화된 사람이 되기 위해 자기계발의 지향에 충실해진다. 자기계발을 통해 자기를 업무에 최적화시켜 성과를 올리면, 자신의 욕망을 실현할 수 있으리라고 믿는다. 판타지로서의 이 착각은 다시 자기계발과 과로를 계속하도록 독려한다. 바로 착각 노동이 발생하는 메커니즘이다.

이미 타자의 욕망이 내 욕망이 되어버린 판타지 속에서 '자기계발'로 훈련된 '나'는 어쩌면 더는 내가 아닐지도 모른다. 이 '나'는 내가 마주하는 질서와 윤리 체계를 스스로 판단할 수 있는 자유롭고 독립된 주체가 아니다. 이미 타자화된 '나'는 거대한 질서와 윤리가 어디에서 비롯하는지, 왜 이 질서와 윤리를 따라야 하는지와 같은 질문은 하지 않는다. 오히려 타자화된 '나'는 이것들로부터 벗어나 살 수 없다고 믿으며 자신을 이 질서와 윤리에 최적화시키고, 타자에 최적화된 모습을 자기의 본질인 양 여긴다.

타자의 욕망에 갇힌 채 '자기계발'에 매진하여 실제 자신과는 점점 멀어져가는 사람들은 어느 순간 타자의 욕망에 결코 도달할 수 없다는 것을 깨닫는다 하더라도, 현재의 사회 구조와 지배 질서를 비판적으로 성찰하거나 그 질서에 저항하기를 주저하게 되곤 한다. 좀 더 직설적으로 말하자면, 이들은 타인의 마음에 들거나 타인에게 선택되기 위해 상대가 원하는 것이 무엇인지를 찾는 데 몰두하고, 실제로는 막연하기만 한 '자기계발'에 빠져 자신을 잃어버린다. 그러다가 어느 순간 상대가 진짜로 원하는 게 무엇인지 혹은 자기가 정말로 원하는 게 무엇인지 파악하지 못하고 있다는 것을 깨닫는 순간이 찾아온다. 그토록 욕망했던 '타자'가 사라지거나 '타자'가 나를 속였음을 알게 되면, '타자'의 사라짐은 이 타자를 좇았던 나 자신의 사라짐이고 '타자'의 기만은 사실 내가 나를 기만한 것임을 깨닫는 것이다. 그러나 이러한 깨달음에 도달하더라도 무력감에 빠지면서 한탄할 뿐이지, 왜 이렇게 되었는지에 대해 구조적으로 성찰하거나 저항하기를 감히 시도하지는 못한다.

지금 내가 열심히 맞춰가려는 이 사회 질서가 내 꿈을 실현할 수 있는 최선의 경기장일 것이라는 믿음이 크다면, 이 질서가 무너졌을 때 쉬지 않고 자기계발을 위해 채찍질해온 자신 또한 함께 몰락할 수밖게 없게 된다. 공정한 경쟁인 줄 알았는데 오히려 처음부터 기울어진 경기장이었다면, 그래서 지금까지 쏟아부은 열정과 시간이 다 헛된 것이었다는 것을 알게 되면, 허탈감과 함께 불안감이 엄습한다. 이 불안은 현 상태를 벗어나 새로운 삶의 방식이나 대안을 만들 확신이 없을 때 더 커진다. 우리의 육체적 삶은 디지털 세계처럼 포맷만 하면 초기화하여 다시 시작할 수 있는 게 아니라서, 불안은 허무감과 상실감과 만나면서 더 깊어진다.

임금 노동이 주를 이루고 필요한 것을 상품으로 구매해야 하는 현대 자본주의 사회에서 노동은 필요한 것을 얻기 위한 기대가 담긴 행위이지, 노동 자체가 결핍을 채우는 그 무엇은 아니다. 아무리 일을 해도 월급을 받기 전까지는, 노동의 결과를 인정받기 전까지는 결핍을 채울 가능성조차 없을 뿐만 아니라 불안감도 사라지지 않는다. 더군다나 월급이 기대 이하거나 원하는 것을 사기에 턱없이 부족하거나 노동의 결과를 제대로 인정받지 못했을 때, 불안감은 고통과 좌절로 이어질 수 있다. 그렇기에 더욱 쉬지 않고 열심히 일하면 불안을 털어내고 욕망을 실현할 수 있을 듯하다는 판타지를 버리지 못한다. 우리는 이 착각 노동이라는 판타지 속에서 시시포스의 바위 굴림이 부조리하다고 느껴도 이것을 멈추려고 하거나 이에 저항하지 않고, 정치적 변화를 적극적으로 꾀하지도 않는다. 소외감을 느껴야 할(느끼면서도) 우리는 원하는 것을 얻고 만족감을 누릴 수 있을 것이라는 판타지 속에서 오늘 하루도 일을 반복한다.

사회 구조와 질서 속 여러 공간에서 길들여지고 통제되는 사람들의 '육체'에 주목한 프랑스 철학자 푸코Michel Foucault는 개개의 육체, 즉 개인이 자신을 통제하고 길들이는 권력 관계에서 빠져나가지 않는 이유는 이 권력 관계가 개인을 강제하고 있어서라기보다는, 적절한 '지식', '권력', '윤리'가 자신을 만족시킬 수 있으리라고 여기기 때문이라고 본다. 비록 지금 질서가 억압적일지라도 이 질서에 순응하고 잘 적응하면 자기 생명을 보존할 수 있다고 여긴다는 것이다. 설령 고달프더라도 자신이 속한 질서와 규칙이 얼마나 올바른가를 성찰하기보다는, 이 사회의 낙오자가 되지 않기 위해 다시 그 규칙이 정한 삶의 방식과 경쟁의 장에 뛰어든다.

과잉 노동이 초래하는
결과

현대 사회에서 소외된 노동은 노동하는 인간을 생산 주체와 소비 주체로 나눈다. 노동이 소외된다는 것은 노동행위가 그로 인해 발생한 생산물과 직접 관계를 맺거나 생산물을 자유롭게 이용할 수 있는 결정권을 갖지 못하고, 이 생산물로부터 점점 멀어지고 낯설어지는 것(상품화commodification)을 의미한다. 상품화란 노동을 시장에 파는 대가로 임금, 즉 돈을 받아, 이 돈으로 기본적인 생활 필수 재화나 서비스를 구입하여 사용하는 과정이라 할 수 있다. 이것은 노동의 상품화와 더불어 공공재나 복지 서비스의 상품화를 포함한다. 또한 교육·홍보·정책 등을 통해 스스로가 아닌 타인에 의해 구매와 소비에 대한 판단이 행해지고, 여기에 점점 더 의존하게 되는 과정이기도 하다. 이 과정에서 노동하는 인간은 상품을 생산하는 주체(생산자)면서, 동시에 상품을 구매해서 소비해야 하는 주체(소비자)라는 이중성을 갖는다. 노동자는 상품을 생산하지만, 자기 노동을 팔 수 없거나 팔더라도 적절한 소득을 올리지 못하면 자신이 원하거나 필요로 하는 상품을 구매할 수 없다. 이 이중성의 간격이 커지면 노동을 통한 욕망의 실현은 요원해지고 소외는 심화된다.

오늘날 상품화의 진행 범위는 신자유주의 시장의 확산 범위와 일치한다고 할 수 있다. 신자유주의 주창자들(기업, 정부, 정치인, 국제 조직, 연구자 등)은 더 저렴하고 더 통제하기 쉬운 노동상품 확보가 사람들에게 더 좋은 상품을 더 싸게 공급하게 해준다고 외치면서(패스트패션 산업의 사례처럼, 생산 영역에서의 반인권적 노동 착취와 생산과 소비 전 과정에서의 엄청난 환경 파괴라는 진실은 은폐하면서), 나쁜 일자리를 양산하는 노동시장의 유연화 전략을 펼치고 있다. 또한 이들은 '사유화와 탈규제=자유화'라거나 '글로벌 스탠다드', '국가 경쟁력 제고'와 같은 슬로건을 앞세우며 공공재와 커먼즈처럼 상품이 되어선 안 되는 것들을 법인화나 민간기업으로의 매각을 통해 상품화하고자 엄청난 공을 들인다. 이들은 사회안전망이나 복지의 기반조차 기업과 시장 논리가 훨씬 더 효율적으로 관리할 수 있다고 주장한다. 소비 능력이 없는 소비 무능력자들은 상품화된 공공재와 커먼즈에 접근하기 어려워지고, 이들의 생명과 인간으로서의 존엄성은 보호받지 못한다. 이제 돈 없고 신용이 없으면 살아가는 데 필수적인 전기, 의료, 교육, 주거 등의 서비스를 이용할 수 없다. 이런 곳에서 가난은 곧 죽음으로 이어진다.

신자유주의 체제 아래에서, 공공재 및 커먼즈의 점점 더 빨라지는 상품화는 전체 사회 총량 차원과 노동자 한 명 차원 모두에서 더 많은 노동량, 즉 과잉 노동을 필요로 한다. 신자유주의 주창자들은 이것이 더 많은 일자리 및 고용 창출, GDP 상승으로 이어질 수 있다고 말한다. 하지만 과잉 노동은 신자유주의적 상품화의 맥락을 고려하며 비판적으로 성찰되어야 한다.

첫째, 과잉 노동은 곧 노동하지 않는 자유롭고 창조적인 비노동 시간(쉼과 여가의 시간)을 줄어들게 한다. 여기서 비노동 시간은 실업 상태를 의미하지 않는다. 실업은 노동과 비노동 시간, 노동과 휴식 모두의 상태에서 추방당한 불안의 상태다.

노동은 결핍을 채우고자 하는 욕망을 실현하려는 목적 행위다. 그래서 욕망이 실현되었을 때의 즐거움을 생각하며 노동 과정에서 발생하는 고통을 감수한다. 하지만 노동이 소외되는 과정은 개인의 자유와 창조성을 제약한다. 이것은 노동이 욕망 실현의 수단이었지만, 타인의 목적을 위해 강요되고 통제되어감을 의미한다. 결국 결핍의 충족과 욕망의 실현이라는 목적을 위해 개인의 자유와 창조성은 그 목적 범위 내에서 제약될 수밖에 없다. 그런데 이 목적이 자신을 위한 것이 아니라면, 과잉 노동이란 타인의 목적을 달성하기 위해 자신의 노동 시간을 늘리는 것일 뿐이다. 노동시장의 유연화 과정에서 노동 조건은 점점 나빠지고, 노동과 욕망 실현의 간극은 멀어진다. 또 자기 행복감을 누릴 수 있는 자유롭고 창조적인 비노동 시간은 줄어든다.

둘째, 과잉 노동은 그나마 조금 있는 비노동 시간을 자유롭고 창조적인 시간이 아닌, 좌절감과 불안감을 느끼게 하는 '갇힌 시간'으로 만든다.

과잉 노동은 일을 더 하지 않으면 생존이 어렵고 행복을 추구하지도 못할 것이라는 불안을 전제로 한다. 불안이 커질수록, 현재의 사회적 생산물을 어떻게 정의롭게 분배할 것인가에 대한 고민은 말할 것도 없고, 상품화된 공공재를 원래대로 복원하고 삶의 존엄성을 보장하기 위한 협력(넓은 의미에서의 정치)은 어려워진다. 오히려 사람들은 더 많은 노동의 기회를 얻거나 지금의 일자리를 놓치지 않고 경쟁에서 이기기 위해 자기계발에 몰두하고,

'공정'을 소리 높여 외친다. 성장과 독립을 위해 배움의 시간이 필요한 청소년들이 시간제 알바를 하고, 하루 노동에 지친 사람들이 쉬지 못하고 다시 배송 알바를 하고, 편안한 노후를 보내야 할 노인들이 또다시 일자리 경쟁을 하는 것은 바로 불안 때문이다. 쉬는 시간이 되지 못하는 비노동 시간과 비정상적이고 사회적 무능으로 취급받는 실업 상태가 야기하는 불안의 늪에서, 일하는 사람이든 그렇지 않은 사람이든 결국 모두 쉬지 못하게 된다. 과잉 노동은 신자유주의가 주장하는바 일자리를 만드는 게 아니라, 사실은 쉬지 못하는 인간을 양산할 따름이다.

셋째, 과잉 노동은 인간의 삶을 풍요롭게 만들지 않을 뿐더러, 그 기원이 어딘지도 모를 GDP 중심의 경제성장 전략에 자기 욕망을 맞춰야 하는 몰가치적인 상태로 전락시킨다.

몰가치화는 루카치가 말하는 사물화와 같은 맥락에 있으며, 생명과 존엄성 유지에 필요한 자원을 소비 능력에 따라 차별적으로 구하게 되는 상품화 과정과 병행한다. 저소득자들, 여러 이유로 일의 기회를 얻지 못하거나 일할 수 없는 사람들, 부채조차 낼 수 없는 '소비 무능력자'는 호모 사케르처럼 인간적 가치를 삭제당한 채 이른바 '일반인들'이 결정하는 원조 대상이 되어 막연하고 수동적인 지원을 기다릴 수밖에 없다. "살려달라"는 절규가 전해지기를 바라다가 결국 지쳐 쓰러지는 생계형 자살자들의 비극, 사회가 직면한 공멸의 위기는 바로 이 몰가치화가 초래하는 극단적 결과다.

과잉 노동이 증가할수록 소비 능력은 삶의 더 중요한 척도로 여겨진다. 반면 소비 능력이 없는 소비 무능력자들은 공동체에서 어떠한 의미도 갖지 못한 채 생명 보호가 방치되어버린 '호모 사케르'로 남게 되고, 신자유주의적 공세 속에서 그 수는 점점 증가한다. 이제 이 몰가치성의 본질과 발생 이유에 대한 근본적이고 비판적인 질문을 던져야 한다.

4차 산업혁명과 인공지능 시대에 최첨단 기술과 그 기술이 만들어낸 상품을 구매하고 소비할 능력이 없다는 것은 행복이나 존엄성은커녕 생명 유지를 위해 기본적으로 필요한(하지만 이미 상품화된) 자원을 스스로 얻기가 힘들어졌음을 의미한다. 이 경우, 정부 보조와 사회적 지원에 의존할 수밖에 없게 되어 삶을 수동적으로 근근이 유지하게 되고, 자신이 속한 사회로부터 멀찌감치 소외된다. 소비 문화가 생애주기와 일상의 동선을 점령하면서, 소비 능력의 유무와 크기는 점점 더 중요해지고 있다.

'요람에서 무덤까지'는 더 이상 사회 복지를 상징하는 표현이 아니다. 이제는 태어나서 어떤 브랜드의 유모차를 탈지, 죽어서 어느 납골당에 묻힐지를 뜻하는 상품화와 소비 능력의 크기를 표현하는 말, 개인의 삶과 생애주기가 소비 능력에 따라 그 질적 수준이 달라질 수 있음을 뜻하는 말로 이해하는 편이 맞는 듯하다. 이제는 더 좋은 노동을 위한 호혜적이고 수평적인 사회적 관계가 아니라, 현재의 자산 규모가 삶의 질을 결정한다. 아무리 일을 열심히 해도 자산을 늘릴 수 없다면 아무런 의미가 없다. 오히려 착각 노동에 중독되어 시시포스가 겪는 고통 속에서 벌레가 된 그레고리 잠자처럼 살게 될 수 있다. 공동체 구성원들에 대한 사회적 연대와 책임의 상징인 복지가 점점 줄고 공공재의 사유화가 당연시되는 사회에서, 요람에서 무덤까지의 삶은 각자도생과 자기계발, 소비 능력의 극대화를 시도하는 생애주기를 낳는다. 이러한 생애주기가 일상의 동선을 변화시키고 있다.

공공재의 회복과 일상의 간단한 동선:
공공의료와 예방의학의 사례

공공재가 제 역할을 하게 되면, '돈이 없다'는 이유만으로 삶의 존엄성을 포기하는 현실을 전혀 다른 일상으로 바꿀 수 있다. 이를 알아보기 위해 무상의료제도와 유상의료제도를 간단히 비교하고자 한다.

차이는 병원 수납창구에서부터 시작한다. 영국, 독일, 핀란드, 코스타리카, 쿠바, 부탄 등 무상의료 국가의 공공 병원에는 수납창구가 없다. 그래서 그 나라에서는 진료받기 위해 병원에 가면, 수납창구에 먼저 가는 것이 아니라 동네 보건소에서 잡아준 날짜와 시간에 맞춰 진료과 앞으로 바로 가서 진료카드를 제시한다. 진료를 본 후에도 마찬가지다. 발급해주는 처방전을 받아 나오면 끝이다. 약국에 가서는 개별 약값이 아니라, 환자의 소득 수준에 따라 정해진 처방비를 내면 된다. 아프면 병원에 가서 진료를 받고, 필요하면 약국에 들러 처방비를 내고 약을 타서 집에 오는 것이 일상의 간단한 동선이다.

이와 달리 우리는 병원에 가면 수납창구부터 가는 것을 당연하게 여긴다. 수납창구의 유무는 사람들의 생각과 일상의 동선에 큰 차이를 만든다. 수납창구는 유상의료의 상징이다. 의료 서비스에 대한 지불 능력이 있어야 서비스를 받을 수 있는 것이다. 나라에 따라 다르지만, 지불 능력이 취약하고 생활이 어려운 사람들을 위한 의료급여제도가 있다. 우리나라에서도 시행 중이다. 그러나 이 또한 유상의료를 전제로 하는 정책이다. 유상의료제도 아래에서 사람들은 병원을 가기 전에 자신의 지갑 형편이나

의료급여 수급 대상인지를 확인하고, 큰 치료를 받기 위해서는 병원에 지불 능력을 증명해야 한다.

아픈 사람들은 병원비를 마련하기 위해 복잡한 일상의 동선을 그리게 된다. 아프면 더 많은 생활비가 들기에 더 많이 일해서 치료비를 마련해야 하거나, 다른 생활비 지출을 줄여야 하는 상황에 처할 수 있기 때문에 민간 의료보험 가입을 고민한다. 신용카드로 지불한다고 하면, 다음 달 카드 비용을 지출할 수 있는 대책을 세워야 한다. 아플 경우 일상의 동선과 대책을 머릿속에서 그릴 수 없다면, 아픈 사람은 적절한 치료를 받기보다 형편에 따른 의료 서비스를 찾거나 아예 치료를 포기할 수 있다. 치유되지 못한 아픔은 좌절감을 느끼게 할 뿐만 아니라 삶을 지속적으로 불안하게 만든다.

2016년 4월 조현병을 앓는 한 남성이 증세가 악화하여 자기 모친을 칼로 살해하려다 경찰에 체포된 사건이 있었다. 이 사건을 조사하는 과정에서 그들이 극심한 경제난에 시달렸고 그들에게 제대로 된 지원과 조치가 취해지지 않았다는 사실이 밝혀졌다. 결론은 돌이킬 수 없는 비극이었다. 모친은 병원비는커녕 차비조차 없어 아들을 병원으로 데려갈 수 없었다. 63세였던 모친은 차비라도 마련하기 위해 기초생활수급을 신청했지만, 아직 65세 미만이고 '장성한' 아들이 있다는 이유로 신청은 접수되지 않았다.

차비조차 마련하지 못하는 가난한 사람들에게 자신들을 제일 먼저 맞이하는 병원 수납창구는 어떤 괴물보다도 더 큰 공포를 느끼게 했을 것이다. 앞에서 예로 든 모자의 비극에 공감하는 이들의 감정은 연민이 아니라, 그런 일이 자기에게도 언젠가 닥칠지 모른다는 불안감일지도 모른다. 이로부터 5년이 지난 2021년에도 세상은 바뀌지 않았다. 유치원에 다니는 손주 걱정에 조현병을 앓던 40대 딸을 70대 노부가 살해한 사건 소식이 전해졌다. 그저 단순히 개인에게 발생한 비극으로 치부할 일이 아니었다. 조현병을 앓는 그들에게 치료비에 구애받지 않고 치료를 받을 수 있는 현실적 가능성이 주어졌다면 비극을 막을 수도 있었을 것이다. 결국 병원 수납창구가 상징하는 고비용의 유상의료제도는 사회경제적 불평등을 가중시키고, 사회의 보호가 미치지 않는 사각지대를 만든다. 지금 우리에게 이를 보여주는 더 많은 사례들을 나열할 필요가 있을까?

수납창구를 없앤다는 것은 유상의료 서비스를 받으려면 반드시 따라오는 일상의 복잡한 동선과 사회적 불평등이 가져올 문제를 방지하는 방향으로 나아감을 뜻한다. 무상의료가 현실이 된다면, 아픈 사람들이 돈이 없다는 이유로 최소한의 인간적 존엄성을 지키지 못하는 경험을 하지 않아도 되고, 정말 있어서는 안 될 일을 걱정하지 않아도 될 것이다. 병원 수납창구가 없는 곳의 사람들이 만들어낼 일상의 동선은 더 창조적이고 자유로울 것이다. 감당하기 힘든 치료비와 간병비가 드는 치매, 중증·희귀난치성 질환은 환자는 물론이거니와 가족 모두의 삶을 극심한 고통의 수렁에 빠뜨리는데, 병원 수납창구가 없는 세상이라면 환자와 가족의 삶은 완전히 달라질 것이다.

무상의료제도를 시행하는 나라는 관련 예산을 효율적으로 운영하기 위해 예방의학을 정책 기조로 삼게 마련이다. 이는 단지 외출 후 손 씻기와 하루 세 번 양치질을 권장하는 수준이 아니다. 물론 손 씻기와 마스크 쓰기 같은 간단한 개인 방역이 유행성 질환의 확산을 막을 수 있는 가장 확실한 예방법이라는 것을 우리는 코로나19 팬데믹을 경험하면서 절감했지만 말이다. 그들은 예방의학 정책을 통해 각종 먹을거리에 대한 안전 규정을 만들고, 로컬푸드 시스템이나 유기농 작물 재배를 추진하기도 한다. 학교 급식의 질을 높이고, 체육 프로그램을 강화하고, 정신과 육체 건강에 모두 해로운 경쟁식 교육을 가능한 한 자제하고, 사회체육 시설을 늘려 사람들이 스스로 건강을 지킬 수 있도록 하는 것은 기본이다. 개인 주치의 제도를 통해 사람들의 육체와 정신 건강을 정기적으로 모니터링하는 것도 중요한 예방의학 정책이다. 무상의료제도를 시행하는 대부분의 나라들에 공공 운동장이 많이 있고 동네마다 공원이 있는 이유도 이와 같다. 2015년 한국 사회를 공포에 떨게 하고 정부의 무능력이 만천하에 드러났던 '메르스 사태', 2016년 오랜 침묵의 카르텔을 깨고 드러난 '가습기 살균제 피해 사태', 모기에 의해 전염되는 '지카 바이러스', 환경호르몬으로 인한 기형아 출생률 증가와 같은 문제들을 무상의료와 예방의학이 중심이 되는 사회에서는 어떻게 다뤘을까? 그리고 만일 코로나19 팬데믹 상황에서 우리 사회가 방역과 치료를 개인에게 맡겨 지불능력에 따라 차별화했다면, 그 결과는 어땠을까?

치료의학 중심의 유상의료제도에서 질병 예방을 책임져야 할 최우선 주체는 개인이다. 마스크와 모기약을 사야 하고, 청소년들은 입시경쟁에서 버틸 체력을 스스로 길러야 한다. 국민건강보험 질병 코드에서도 찾아보기 어려운 희귀 질환에 대한 엄청난 치료비와 약값은 본인 또는 가족이 모두 짊어져야 한다. 어떤 이들은 무상의료로 인해 발생하는 정부의 재정지출 부담과 함께 공공의료기관이 만드는 '적자'를 걱정한다. 공공의료기관은 적자를 낼 수밖에 없다며 경제적 비효율성을 탓한다. 지난날 어느 도지사가 공공의료원 폐원을 결정한 이유도 이와 같았다. 이러한 판단은 GDP와 같은 숫자의 비정한 저울 위에서 인간의 가치를 측정하기에 가능한 것으로, 인간 소외 과정이 빚은 무지와 잔인함의 소치다. 그러나 메르스와 코로나19 사태를 겪으면서 우리는 공공의료 서비스가 왜 필요한지를, 그리고 이를 유지하는 데 드는 비용이 결코 '적자'가 아님을 뼈저리게 깨달았다. 공공의료 서비스 때문에 발생하는 지출은 '적자'가 아니라, '행복과 안전의 지표'로 이해되어야 한다. 공공의료 서비스에서 '적자'가 늘었다는 것은 (경영상의 불법과 비리가 발생하지 않는 한) 고가의 민간의료기관이 아닌 공공의료기관의 수혜자들이 늘었음을, 그리고 시민들이 낸 세금이 제대로 효과를 내고 있음을 의미한다. 공공의료제도는 생애주기와 일상의 동선 속에서 삶의 방식을 보다 편안하게 바꾸고, 생명과 인간의 존엄성을 차별 없이 지키는 실천이다.

수납창구의 유무에 따라, 사람들은 병을 치료하기 위해 일상의 복잡한 동선으로 내몰릴 수도 있고, 상대적으로 자유롭고 창조적인 여유 시간을 살아갈 수도 있다. 편안함에 이르는 길 또는 쉼이란 바로 이런 사회제도의 맥락 속에서 이해되어야 하지 않을까.

소비를 쉼으로
착각하는 현실

착각 노동의 판타지에 갇힌, 과잉 노동을 강요하는 사회에서 '쉼'이란 인간 삶의 본질로서 취급되지 못한다. 더욱이 불안이 확산할수록 쉼의 시간은 줄어든다. '쉼'에 대한 사회적 관념이 변질되고, 쉰다는 것이 과잉 소비 문화에 포섭되면서, 소비가 곧 쉼이라는 생각이 사회적으로 퍼지고 있다. TV채널을 바꿀 때마다 홈쇼핑 광고를 봐야 하고, 머리를 식힐 목적으로 보는 예능 프로그램에서는 온갖 PPL광고가 판을 친다. 우리는 그런 광고에서 소개되는 상품을 더 많이 구매하면 더 안락하게 쉴 수 있다고 여긴다.

20세기 말, 노동운동의 결과로 노동자들이 건강하고 행복한 삶을 살 수 있도록 주5일 근무제가 정착했다. 그리고 이틀의 주말 휴일이 기업에게는 새로운 소비시장이 되었다. 주5일 근무제는 공교육의 토요일 휴교제와 결합하면서 새로운 소비시장을 창출했다. 주말 휴일은 TV와 온라인 소셜미디어 등을 통해 다량 전달되는 각종 여행 및 먹을거리, 이와 관련한 설비 등에 대한 정보 속에서 소비 문화로 재구성되었다. 사람들은 주말에 가족들 또는 이웃들과 함께 책을 읽고 자유롭게 이야기를 나눔으로써 개인과 공동체의 삶을 되돌아보고 지혜를 나누는 편안한 시간을 보내기보다, 각종 캠핑 장비들을 잔뜩 실은 SUV를 타고 고가의 카메라를 짊어진 채 최신 네비게이션의 안내에 따라 집을 떠난다. 한편 쉬라고 있는 주말 시간에 학생들은 저마다 사교육을 받느라 바쁜 시간을 보낸다. 그나마 주말을 이렇게 보낼 수 있는 사람들은 총액 연봉이 안정적으로 보장된 정규직이다.

이제 '편안한 휴식' 하면 떠오르는 것은 연필과 종이, 책과 조용한 공간이 있는 도서관, 따뜻한 차 한잔과 쿠키, 산책하고 사색하면서 쉴 수 있는 주변 숲, 가벼운 자전거 타기, 서로 공감대를 나눌 수 있는 이웃이 아니다. 신상품, 새로운 것을 경험하고 자유를 만끽할 수 있을 듯한 해외여행, 생활을 풍족하게 만들어줄 것 같은 음식 재료와 주방 기구, 스마트한 최신 전자제품의 구매와 소비가 오늘날의 쉼을 점점 소비 문화 속으로 침잠시킨다. 과도한 노동과 부채의 스트레스에서 벗어날 수 있는 쉼의 시간조차 또 다른 방식으로 신자유주의적 소비 문화로 변질되었다. 그럴수록 사람들은 함께 시간을 보내기보다 소비 문화 속에서 점점 고립되고, 현실이 아닌 가상공간에서 자기가 원하는 관계망을 형성한다. 미래의 노동마저 담보로 하면서까지 소비해야 잘 쉴 수 있을 것 같은, 소비를 쉼으

로 착각하는 이 역설적인 현실에서 탈출할 길은 없는 것
일까?

우리는 언제 편안함에 이를 수 있을까?

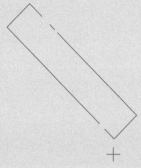

우리에겐 수많은 대안이 있다.

— 수전 조지|Susan George

통증의 기쁨,
불안의 슬픔

우리는 모두 통증을 느끼는 존재다. 이 통증은 살아 있다는 감각이며, 살기 위한 감각이기도 하다. 물론 머리가 깨질 듯한 치통과 통풍, 대상포진, 급성 복막염, 요로결석, 복합부위 통증 증후군 등에 의한 통증을 살기 위한 감각이라고 하긴 힘들다. 하지만 이런 통증은 적어도 우리 몸에 이상이 있다는 것을 알려주는 신호다. 정상적이지 않은 방식으로 통증이 느껴지는 것 또한 몸이 보내는 이상 신호다. 이런 점에서 정상적으로 작동하는 통증 감지는 우리의 생명을 더 오래 유지하기 위해서 꼭 필요하다.

통증은 어떤 결핍, 비정상성을 느끼는 몸의 증세다. 내가 생명을 유지하고, 건강을 지키기 위해 지금 당장 내 몸에 채워 넣어야 하는 것이 무엇인지를 알려주는 긍정적인, 아니 살기 위한 신호다. 내 의식보다 더 빠르고 정확하게 내 몸이 나에게 말하는 외침이다. 배고프거나 열이 나거나, 눈이 침침하고 어지럽거나, 코피가 나거나, 무릎이 시큰거리거나, 심장이 두근거리거나, 목덜미가 저릴 때, 우리는 그동안 배우고 얻은 지식대로 이에 맞는 적절한 행동을 취한다. 밥을 먹거나 해열제를 복용하고, 휴식을 취하거나 그래도 안 좋다 싶을 때는 병원에 간다. 앞으로 건강 관리를 위해 어떻게 영양을 보충하고 체력을 단련시킬 것인가에 대한 정보를 얻기도 한다. 통증의 기억은 내 몸을 지키는 감각이기도 하다. 뾰족하고 날카로운 것에 찔리거나 베인 적이 있으면 칼을 쓸 때 조심하게 되고, 데인 적이 있으면 뜨거운 냄비를 옮길 때 조심할 것이다. 땅바닥에 넘어진 충격을 기억한다면 빙판 위를 걸어야 할 때 좀 더 주의를 기울일 것이다. 통증은 내 몸을 힘들게 하는 요인이면서 내 몸을 지키는 데 필요한 신호로서, 고통과 방어의 경계에 놓여 있다.

통증은 때로는 우리를 설레게 하고 기분 좋게 하는 계기가 된다. 지금 목마르고 배고프지만 잠시 후 들이킬 시원한 보리차 한잔, 집에 가면 남아 있을 맛있는 카레라이스와 김치 생각에 침이 꿀꺽 넘어간다. 졸음을 참으며 힘들게 일을 하지만 집에 돌아가 누울 이불의 감촉과 포근함을 생각하면 그래도 견딜 만하다. 애인과 잠시 떨어져 있을지라도 다시 만날 날을 떠올리면 지나가는 밤이 아름답다. 갈증과 허기짐이 없다면 끼니마다 먹는 음식의 소중함, 그리고 벗과 함께하는 술 한잔의 즐거움은 찾기 힘들 것이다. 이렇게 아프고 고통스러울지라도 이를 통해 기쁘고 즐거울 수 있는 까닭은 이런 통증을 어떻게 하면 사라지게 하는지 잘 알고, 그렇게 만들 수 있는 능력이 있기 때문이다.

그러나 내가 느끼는 통증의 원인을 모른다면 상황은 달라진다. 통증을 느낀다는 것은 내 의지와 무관한 외부의 힘이 몸 어딘가에 작용하고 있다는 의미다. 통증은 분명 나로 하여금 상황에 맞게 적절하게 대처할 수 있도록 안내하는 신호체계다. 머리, 목덜미, 눈, 가슴, 허리, 옆구리, 발바닥 그 어디든 익숙하지 않은 통증이 멈출 기미를 보이지 않으면, 나는 점점 불안해진다. 이럴 때는 병원에 가서 통증의 원인을 찾기 위해 여러 검사를 받고 의사의 진단과 처방을 기다리게 된다. 약을 먹고 치료를 받은 후 통증이 사라지면, 불안은 사라진다. 하지만 의사의 진단도 분명치 않고 치료를 받아도 통증이 사라지지 않는다면, 불안은 더 커진다.

통증의 원인을 모를 때만 불안이 커질까? 그 원인을

알고, 통증을 해결할 방법을 알아도 불안이 커질 수 있다. 바로 통증을 제어할 '능력'을 가지고 있지 않을 때다. 목마름을 해결하면 청량감을 느낄 수 있지만, 어딘가에 고립된 채 물을 마시지 못한다면 기다리는 것은 죽음이다. 대공황 시절 미국에서는 약국에 쌓여 있는 해열제를 보고도 돈이 없어, 감기에 걸린 가족을 떠나보내는 일도 있었다고 한다. 지구 한편에서는 곡물이 남아돌지만, 다른 한편에서는 굶어 죽어가는 사람들이 있다. 남북의 이산가족은 잠시 상봉한 기쁨을 뒤로하고 다시 강제로 헤어져야 한다. 그들에게는 문제를 해결할 '능력'이 없다. 국가 재정이 안정되고 1인당 GDP가 해마다 증가한다 해도, 치솟는 집값과 상가 임대료, 가정의 교육비와 의료비, 각종 물가를 감당하는 데 힘이 되지 못하면 소용없는 일이다. 서민들은 가게 문을 닫고, 살던 집에서 떠나야 한다. 문제를 제어할 능력이 없다는 좌절감과 함께 삶에 대한 불안은 더 커질 수밖에 없다. 삶에서 겪는 일상의 문제, 즉 '아픔'과 '통증'을 해결할 능력과 자원이 없다면 우리는 소소한 만족과 행복을 느끼지 못할 것이다. 우리를 기다리는 것은 불안의 늪이다.

어떤 사람들은 통증을 잊는 방식으로 통증과 불안에 대처하려고 한다. 다른 일에 몰두해보기도 하고, 술을 마시거나, 게임이나 운동을 열심히 해보기도 한다. 하지만 잠시 잊고 있었던 통증은 금방 다시 찾아온다. 그래서 운동의 강도를 높여보기도 하고 술을 더 마셔보기도 하지만 나아지는 것은 없다. 오히려 이런 식으로 통증을 잊으려는 시도는 내 몸을 망가뜨릴 뿐이다. 마약이 '약'이 아니라 '독'인 이유는 마약이 가져다주는 망각과 환각의 상태가 통증의 원인이 제거된 진정한 '무통'無痛이 아니라, 통증의 신호체계를 무너뜨려 고통을 느끼지 못하는 상태로 몸을 기만하는 것이기 때문이다. 마약이 주는 무통의 최종 목적지는 마치 좀비 같은 존재가 되어 결국 죽음에 이르는 것이다.

그래서 '무통'이 아니라 '잘 관리되는 통증'이 훨씬 중요하고 의미가 있다. 통증을 잘 관리할 수 있을 때 우리는 더 큰 기쁨과 행복을 느끼고 편안함의 상태에 다가갈 수 있다. 원인 모를 통증을 느껴 불안해하기 전에, 적절한 운동과 건강 검진, 체중 관리 등을 통해 개인의 건강을 유지할 필요가 있다. 예방의학 차원에서 개인 주치의 제도가 중요한 까닭이다. 그러나 개인의 노력만으로 우리가 느끼는 고통과 아픔을 모두 관리할 수는 없다. 우리가 현실에서 느끼는 고통과 아픔은 신체적인 차원뿐 아니라 정신적인 차원을 아우르고 있으며, 이는 정치·사회·경제적인 문제들과 결부되어 있기 때문이다.

그래서 병원이나 스포츠 센터에서 간혹 측정하는 건

강지수 이외에도, 여러 사회·경제적 지수를 통해 자신의 건강을 수시로 확인해야 한다. 실업률, 소득불균형을 보여주는 지니계수, 가계부채 규모와 증가율, 영아 사망률, 성인병 질환 발병률, 물가 인상률, 집값 인상률, 사교육비 증가 및 가계지출에서 차지하는 비용, 안전사고 발생 수준, 1인당 의료비 지출 부담, 생계형 자살의 증가 등은 우리가 속한 사회의 건강을 말해주는 지표이자 징후다. 교통사고, 아동·청소년 관련 범죄, 성폭력, 각종 환경오염에 관한 지표도 마찬가지다. 하지만 사회의 건강과 질병을 알리는 지표는 비단 이런 공식적인 통계 지표만이 아니다.

세월호, 가습기 살균제 피해, 용산 철거 현장 화재와 같은 각종 사회적 참사, 끊임없이 반복되는 노동 현장에서의 억울한 죽음과 사고, 사회적 위계로 일어나는 강압과 부조리, 그리고 침묵을 강요당하는 성추행과 성폭력, 도시의 품격과 가치를 살리는 데 일조한 골목 상인과 문화예술인을 가차 없이 내모는 부동산 가격 폭등 및 젠트리피케이션, 코로나19 이후 더욱 힘들어진 마을 돌봄 서비스, 장애인·이주민·성 소수자와 같은 사회적 소수자에 대한 차별과 혐오, 사회적 정의와 공정성을 파괴하는 각종 권력형 비리도 우리 사회의 건강 수준을 보여주는 지표이자, 동시에 몸으로서 사회가 아파하는 신음과도 같다.

이런 지표를 보고도 우리 사회가 느끼는 통증의 정도를 제대로 감지하지 못하거나, 유기체로서 사회의 건강 상태를 제대로 진단하지 못한다면, 우리 사회는 회복할 수 없는 건강 상태인 것과 마찬가지로 돌이킬 수 없는 위험에 처한 것이다. 이때 우리는 마치 난파선에서 도망치듯 지금 사는 사회를 버리고 다른 사회로 옮겨 타면 그만일까? 견디기 힘들 정도로 통증이 심하거나 손을 대기에 너무 늦었다고 판단되면, 사회를 살리기 위한 적극적 연명 치료를 포기하고 새로운 사회를 선택하면 그만일까? 만일 누군가 이런 생각을 한다면, 그것은 대단한 착각이다. 사회가 사라지게 되면 곧 개인도 사라지게 된다. '개인'과 '사회'는 유기적으로 연결되어 있다. 개인은 사회를 벗어날 수 없을뿐더러, 사회는 개인을 통해 바뀔 수는 있어도 사라지지는 않는다.

　　사회·경제적 지표가 감지하는 통증의 신호를 해석·진단하지 못한다면, 즉 사회적 통증의 원인을 해결하기 위한 적절한 방법과 자원을 찾지 못한다면, 이 통증은 우리 삶을 위협하는 치명적인 불안이자 고통으로 바뀔 것이다. 반대로 통증이 사회의 건강 상태를 알리는 신호가 되어 사회를 유지하는 데 도움이 될 때, 사회적 통증은 불안의 원인이 아니라 안전의 계기가 될 수 있다.

나와 타인의
통증에 공감하기

삶 속에서 쉰다는 것은 아무것도 하지 않는 무념무위無念無爲의 상태, 어떤 통증도 느끼지 못하는 무통의 상태를 말하는 것이 아니다. 쉰다는 것은 통증을 건강 상태를 가리키는 신호로 받아들일 수 있고, 이 통증을 관리하는 방법과 자원을 언제든지 이용할 수 있는 상태를 말한다. 이 상태에서는 통증이 참을 수 없는 고통으로 커지지 않고, 사회 속 누군가의 억울한 죽음으로 이어지지 않는다. "어이, 일한 지 제법 됐는데, 잠시 그늘 밑에 앉아 시원한 물 한잔하면서 쉬었다 하자고!" 또는 "자, 잠시 쉬면서 새참 맛있게 먹고 피로를 좀 풉시다!"라고 짧은 휴식을 청하며 지친 몸을 달래는 평범한 쉼은 일상의 활력소가 된다. 마찬가지로 지금 힘들고 통증을 느끼더라도 잠시 후 청량감, 포만감, 행복감을 느끼게 할 그 무엇이 곁에 있다는 믿음 또한 쉼의 상태라고 볼 수 있다.

우리의 일은 '쉼'을 통해 '과잉 노동'이나 '착각 노동'이 아닌, 나와 사회의 통증을 해결하는 데 필요한 자원을 얻는 '기쁜 노동', '행복한 노동'이 된다. 그래서 진정으로 쉰다는 것은 단지 일을 하지 않는 상태를 넘어, 불안 대신 어떤 기대와 믿음, 설렘이 우리를 감싸고 있는 상태를 말한다. 또 쉼의 상태는 개인이 느끼는 통증을 가족, 이웃, 사회, 일터의 동료, 공동체가 함께 느끼는 '공감'共感의 상태이기도 하다. 어떤 사람이 아파하고 힘들어할 때, 무언가 필요할 때, 주변에서 이를 감지하지 못한다면 혹은 엄살을 부린다고 무시한다면, 그가 느끼는 통증은 이내 불안과 고통으로 변할 수 있다.

- "그 정도로 아픈 건 아픈 게 아니야."
- "난 예전에 다 참고 살았어."
- "힘들어도 하는 거지, 어떻게 쉬운 일만 골라서 하냐."
- "아프면 약을 먹어. 평소에 몸 관리 잘 하고. 그렇게 엉망으로 사니 정작 할 일을 못 하잖아."
- "다른 사람들은 뭐 안 힘드냐? 왜 너만 힘들고 못 살겠다고 그래."
- "툭하면 아프다는 핑계 대니까 같이 일하는 동료들만 고생이잖아."
- "이런저런 형편 다 봐주면 난 어떻게 하라고. 넌 참 자기만 아는 이기적인 사람이구나."
- "미안하다. 너 힘든 거 내가 일일이 챙겨주질 못하겠다. 이젠 네가 알아서 잘 해봐. 방법이 있겠지."

학교에서, 일터에서, 가족 안에서, 동네에서, 그리고 수많은 사회적 관계 안에서 혼자서는 감당치 못할 통증을 호소하는 외침이 안에서 터져 나온다.

- "도와줘요, 너무 힘들어요."
- "도저히 숨을 못 쉬겠어요. 내 손 좀 잡아 여기서 꺼내주세요."
- "너무 무서워요. 아직 준비가 덜 되었나 봐요. 조금만 기다려 주거나, 도와주면 안 될까요?"

하지만 통증이 심해질수록 아픔을 호소하는 목소리는 작아지게 된다. 통증이 불안과 고통으로 변해갈수록 그 외침은 제대로 튀어나오기 어렵다. 누군가는 두려워서, 누군가는 뭘 어떻게 해야 할지 몰라서, 누군가는 이미 힘이 다 빠져서 입을 떼기조차 어려울 수 있다. 학교폭력이나 가정폭력으로 자기 존중을 잃어버려 두려움밖에 남은 것이 없는 사람들, 권리를 지킬 수단과 방법을 모두 빼앗긴 사람들, 일상의 가난과 질병에 지쳐 뭔가 시도해볼 엄두를 내지 못하는 사람들은 마침내 목소리를 잃게 된다. 설령 간신히 두려움을 떨쳐내고, 실오라기 같은 방법을 찾아내고, 힘을 내서 소리 한번 질러본다 해도, 주변 사람들이 그 통증과 불안, 고통에 대해 공감하거나 이해하지 못한다면 그 절규는 주변 사람들이 들을 수 없는 목소리거나 전혀 알아들을 수 없는 '외계어'로 받아들여질 뿐이다.

쉴 수 없다는 것은, 세상을 낯설게 느낀다는 수준을 넘어 세상과 항시적 긴장 관계에 놓여 있음을 의미한다. 그러한 긴장 관계 속에서 통증을 호소하는 일은 공허한 외침일 뿐이고, 개인과 사회의 통증은 결국 구성원들을 죽음으로 내모는 불안과 고통이 된다. 우리는 나와 타인의 통증을 공감할 수 있을 때 비로소 쉼의 가능성을 열 수 있다. 우리가 진정으로 쉴 수만 있다면, 함께 느끼는 통증은 함께 살아 있음을 의미하게 된다. 그리고 이 통증을 치유해내면 함께 살며 즐기는, 공생공락共生共樂의 삶을 이룰 토대가 마련된다.

존재하기 위한 의지,
삶에 대한 의지

인간은 생명을 유지하기 위해 끊임없이 필요한 에너지원을 몸속으로 공급해야 한다. 육체적 생명은 물론, 인간의 정신세계(정신적 생명)를 풍요롭게 하기 위한 종교·문화·예술·사랑·공동체 의식·우정·지식 등도 계속 주입되어야 한다. 그렇지 않으면 인간은 육체적으로나 정신적으로 존립할 수 없다. 생명을 유지하기 위해서는 끊임없는 관리와 보존의 노력이 필요하다. 통증 역시 생명을 유지하는 데 필요한 신호체계로서 잘 관리되어야 한다.

그런데 외부 자원에 의존하지 않으면서 스스로 존재하는 완전체는 사정이 다르다. 자기 스스로 필요한 모든 것을 완전하게 갖추고 있어 결핍이 없는 완전체는 통증도 불안도 느끼지 않는다. 이 완전체는 보통 '신'God이라 불린다. 고대 히브리인들은 신을 가리키는 여러 이름을 가지고 있었지만, 주로 두 개의 이름이 가장 많이 알려져 있다. 하나는 엘로힘Elohim이고, 다른 하나는 YHWH다. Jehovah, 한국어로는 '야훼'라는 발음으로 불리게 된 것은 후대의 일이다. 당시 유대인들은 신의 이름을 부르는 것 자체를 불경스럽게 여겼기 때문이다. 유대인들이 YHWH라는 모음 없는 단어를 사용한 것도 이와 관련되어 있다. YHWH 대신 '아도나이'Adonai(나의 주)나 '엘로힘' 등으로 부르기도 했는데, 엘로힘은 하나님, 신들의 신, 절대자를 의미한다. YHWH는 스스로 존재하는 자I am who I am, 즉 완전체를 의미한다. 완전체는 자신에게 속한 것 이외에 다른 어떤 것을 필요로 하지 않는다. 스스로 모든 것을 갖춘 채 완전하기 때문이다. 시공간의 지배도 받지 않는다. 이는 빛보다 빠른 타임머신을 타고 시공간을 이동

한다는 의미가 아니다. SF영화 《인터스텔라》에서 모든 시간이 공간적으로 동시에 표현된 이른바 5차원 세계도 아니다. 영화에서 주인공은 어떤 시공간이든 선택해 접근할 수 있지만, 여러 시공간을 동시에 접근할 수는 없다. 그러나 신은 시공간에 어떤 제약도 받지 않고 모든 곳에 동시에 존재하며, 전지전능하고 그 자체로 완전하다. 완전체로서의 신은 스스로 존재의 의미나 조건이 따로 필요치 않다.

신은 어떤 시공간에서도 '부재'하는 경우가 없이 늘 현존한다. 그런데 존재하는 것은 언젠가 반드시 죽고 사라져 더는 존재하지 않게 되는 상태와 비교될 때, 그 의미가 분명해진다. 생명이 죽음과 대비되었을 때 그 의미가 분명해지는 것과 같다.

인간이 신과 다른 점은, 인간은 일상 속에서 통증을 느끼면서 자기 생명을 유지하기 위해 노력하는 존재라는 것이다. 비존재가 되지 않기 위해, 즉 죽어 사라지지 않기 위해 노력하지 않으면 인간은 살아갈 수 없다. 그런 점에서 생명은 존재하기 위한 의지, 삶에 대한 의지 그 자체다. 스스로 통증과 불안을 이겨내기 위해 주어진 한계를 극복하려는 인간의 모습이 감동적인 까닭이다. 그래서 '존재'를 인정한다는 것은 그 존재의 생명, 그리고 그 생명의 의지를 존중함을 뜻한다. 그렇게 생명의 존엄성은 지켜지기 시작한다. 생명을 유지하려는 노력과 의지가 한 시라도 중단되면 생명은 죽음의 상태로 바뀐다. 하지만 인간이 아무리 생명을 유지하려 노력해도 육체적 생명은 유한하다. 인간은 필멸, 반드시 죽는다.

잠시 하루살이에 대해 이야기해보자. 나고 죽는 것은 여느 생명체와 다를 것이 없지만 삶을 영위하는 데 있어 하루살이에게는 다른 동물들과 구별되는 특징이 하나 있다. 하루살이에게는 입이 없다. 입은 생명을 유지하기 위해 에너지 자원을 몸으로 투입하는 신체기관이다. 또 서로 협력하고 도움을 청하기 위해 소리를 내 신호를 보내는 데도 입을 이용한다. 인간의 소리 신호는 언어로 발전했다.

하루살이가 태어날 때부터 입이 없었던 것은 아니다. 알에서 깨어난 애벌레에게는 입이 있다. 애벌레 시절 보통 한 달, 길게는 1년 정도 물에서 살기 때문에 애벌레 배에는 아가미도 있다. 먹이를 열심히 먹은 애벌레는 변태 과정을 거쳐 어른 하루살이가 된다. 이때 하루살이의 입은 퇴화하고, 물만 조금 섭취하는 정도의 기능만 남는다. 입이 닫히면 굳이 먹이를 구할 이유가 없어진다. 개미나 벌처럼 열심히 일할 필요도, 곰처럼 겨우살이를 준비할 필요도 없다. 어른 하루살이는 몸에 남아 있는 에너지를 소모할 때까지 서로 구애하며 살다가 죽는다. 암컷은 죽기 전 마지막으로 물속에 알을 낳고 물 위에서 생을 마감한다.

생명체란 필요한 자원을 끊임없이 밖에서 끌어들여 몸에 저장하지 않으면 죽을 수밖에 없는 존재임을 상징하는 기관이 '입'이다. 입에 에너지 자원을 넣어 먹을 수 있을 때 살아갈 힘을 얻게 되고 그로 인해 행복을 느끼기도 한다. 입에 넣는 그것이 맛도 있고, 사랑하는 사람과 함께 나눌 수도 있다면 그 행복감은 더욱 커진다. 이럴 때 배고픔이라는 통증은 불안이 아니라 설렘으로 다가온다. 관건은 생명을 유지하는 데 필요한 자원을 얻는 것이다. 여기서 입은 생명체와 자원을 연결하는 신체기관으로서 중요성을 띤다. 입이 퇴화하거나 닫힌다는 것은 생명체와 자원 사이의 연결이 끊어짐을 의미하고, 이것은 곧 죽음, 존재의 사라짐으로 이어진다.

10여 년 전 강의하던 몇몇 대학에는 동남아시아 국가에서 온 유학생들이 많았다. 그들 중 대부분은 무슬림이었다. 그들은 매일 여러 번 메카를 향해 기도하며 신앙심을 지켜가는 신실한 종교인이었다. 하지만 그들은 한국 학교와 기숙사 주변에서 적당한 이슬람식 예배실을 찾을 수 없었고, 무슬림에게 종교적으로 허용된 '할랄halal 음식'을 구하기도 쉽지 않았다. 결국 이들은 고민 끝에 돈을 모아 방을 얻어 예배실로 사용했고, 식사 또한 근처 식당은 물론 학교 식당에서도 할랄 음식을 제공하지 않아 따로 음식을 마련해야 했다. 대학생보다 외국인 노동자 신분으로 온 무슬림의 상황은 더 어려웠던 것으로 안다. 무슬림에게 이슬람식 예배실과 할랄 음식은 종교 생활을 지속하기 위해 필요한 중요한 자원이다. 즉 그들의 종교적 생명을 유지하는 데 드는 최소한의 자원이다. 하지만 당시 학교 발전을 명분으로 해외 유학생 유치에 열을 올리던 대학들 중 그들에게 이 자원을 충분히 준비하고 제공한 곳은 찾아보기 어려웠다. 한국 대학의 문화적·인권적·지적 수준이 얼마나 낮았는지를 알 수 있는 사례다.

어떤 사람에게 생명은 육체에 국한되지 않는다. 어떤 이는 사랑, 어떤 이는 신에 대한 경외, 어떤 이는 태어나 살아온 나라가 육체의 생명보다 더 귀한 생명의 가치일 수 있다. 사랑하는 대상이 사라지거나, 자신의 신이 모욕당하거나 조국이 침탈당하면 생명이 끊어지는 듯한 고통을 느끼기도 한다. 누군가에게는 전쟁으로 헤어진 가족을 다시 만나는 것이, 또 누군가에겐 예술을 통한 자유로운 자기표현이 그 어떤 것보다 중요한 생명의 가치다. 약과 치료가 필요한 아픈 사람에게는 편하게 갈 수 있는 병원이, 미래를 준비하고 꿈꾸는 젊은이에게는 배움이 있는 학교가, 일자리에서 강제로 쫓겨났거나 체불된 임금이 있는 사람에게는 안정된 직장이, 주거가 불안정한 이에게는 편하게 쉴 수 있는 자기 집이, 이동이 부자유한 이에게는 어디든 혼자 안전하게 다닐 수 있는 이동 수단과 접근로가, 그리고 어쩌면 우리 모두에게는 서로 위로하고 우정을 나눌 수 있는 벗이 생명의 가치이자, 생명을 유지하기 위해 필요한 최소한의 자원일 것이다.

자기결정권이
자기존엄성이다

쉰다는 것은 단지 하던 일을 잠시 멈추는 상태가 아니다. 생각 없이 그저 때가 돼서 잠시 멈추는 것은 하던 일을 계속하려고 필요한 힘을 모으는 행위에 불과하다. 채찍질 당하는 노예도 그렇게 잠시 쉴 때가 있다. '잠시 멈춤'은 달리는 자동차를 계속 달리게 하도록 잠시 주유소에 정차해 연료를 주입하는 것과 같다. 쉬는 것이 아니라, 그저 일의 한 부분일 뿐이다. 잠시 멈춰 힘을 모을 때에도 다시 시작할 일에 대한 걱정을 떨쳐내지 못한다면, 그러한 때에도 머릿속에서 고민이 사라지지 않고 불안이 몸을 감싸고 있다면, 아무리 포근한 품속에서, 시원한 그늘 밑에서, 멋진 휴양지에서 시간을 보내더라도 우리가 바라는 쉼은 아닐 것이다.

쉼은 자신이 편안하고 존엄하다고 느끼는 안정된 상태다. 반대로 진정 쉬고 싶을 때 쉬지 못한다는 것은 지금 느끼는 통증을 달래고 불안에서 벗어나려는 의지가 외부 힘에 의해 강제로 억눌려 있음을 의미한다. 존재와 삶의 자율적 의지가 꺾이는 것이다. 자기 스스로 상황을 통제하거나 행동을 결정하지 못하고, 자기를 힘들게 하고 원치 않는 일을 억지로 계속해야 하는 것이다.

그러므로 쉰다는 것은 외부의 강제성을 벗어난 상태, 스스로를 지킬 수 있는 자기존엄성과 연결된다. 자기존엄성이란 자율적으로 결정할 수 있는 상태, 즉 '자기결정권'이 보장된 상태에서 가능하다. 그리고 이 자기결정권은 그저 단순한 의지의 표현이 아니라, 자기한테 필요한 자원에 접근할 수 있고 그 자원을 사용할 수 있는 권리를 포함한다. 커먼즈와 연결되어 있는 것이다.

앞에서 소개한 인도 여성 바산티, 그리고 "가만히 있어라"라는 일방적 명령에 발이 묶여 생명을 지킬 수 있는 선택이 제한되었던 세월호 희생자들의 사례가 자기결정권과 자원접근성이 얼마나 중요한지 알려준다. 특히 우리는 코로나19 감염병을 경험하면서 깨끗한 물, 백신과 치료약, 적절한 상가 임대료와 주거 비용, 안전한 놀이터와 공원, 좋은 일자리, 공정한 배움의 기회 등 자원들에 '어떻게 연결되어 있고' '어떻게 접근 가능한가'에 따라, 자기존엄성의 수준이 얼마나 달라질 수 있는지 뼈저리게 느꼈다.

여기서 중요한 것은 자기결정권과 자원접근성을 주장할 때 타인의 그것을 침해해서는 안 된다는 점이다. 공공성과 커먼즈가 민주주의와 연결되어야 하는 중요한 지점이다. 아무리 법이 인정하는 테두리 안이라 할지라도 권위, 권력, 부가 다른 사람의 자기결정권과 자원접근성을 침해하기 위해 사용된다면, 권력과 부가 영향을 끼치는 방식은 물론 그 방식을 용인하는 법과 제도에 대해 다시 생각해야 한다. "원래 법이 그래서 그런 것이니 어떡하겠어?", "원래 남자는 그래도 되는 거고, 여자는 그래야 하는 거야", "화가 나면 너도 금수저 물고 다시 태어나든가, 아니면 돈 많고 힘 있는 사람 옆에서 줄을 서든가" 등의 말과 같이 이러한 침해가 사회 여기저기에서 벌어지는데도 원래부터 그래왔던 예사로운 일처럼 그저 침묵하고 수용한다면, 자신이 침해의 대상이 되어도 할 말이 없어지게 된다. 자기결정권과 자원접근성은 요원한 일이 되고, 자기존엄성은 '만인 대 만인의 투쟁'이라는 약육강식의 원리가 지배하는 야만의 세계에 내던져지게 된다.

여기서 민주주의 정치의 묘가 필요한데, 민주주의 정치란 바로 사회적으로 드러나는 여러 갈등과 충돌을 찾아내 이해관계가 다른 사람들 간의 자기결정권과 자원접근성이 공정하게 인정받도록 제도화하는 활동이기 때문이다.

과도한 입시경쟁 체제에서 강요되는 지나친 야간자율학습과 사교육, 직장에서 당연히 여겨지는 야근과 늦은 회식, 쏟아지는 최신 상품 광고의 홍수 속에서 강요되는 무분별한 소비도 자기결정권이 침해받는 사례다. 그렇게 되면 삶은 자연스레 멀어진다. '미안하다'라는 편지 한 통을 남긴 채 세상과 이별한 어느 모녀, 동반 자살한 어느 가족, 홀로 고독사를 맞이하는 독거 노인이 자신들의 생계 및 생활에 필요한 최소한의 자원에라도 좀 더 쉽게 접근할 수 있었다면 어땠을까? 과도한 경쟁 때문에 스스로 몸을 던지는 청소년들에게 인생에 대한 자기결정권은 얼마나 보장되었을까? 성적 정체성에 대한 자기결정권을 부정당한 채 세상을 떠난 청년 군인, 부당해고와 임금 축소에 맞서 크레인 위에 오르고, 1제곱미터 크기의 작은 철장에 스스로를 가둔 채 곡기를 끊거나, 수백 킬로미터를 걷는 해고노동자들이 자기결정권을 인정받고, 동등하게 자기존엄성을 인정받을 수 있는 상황이었다면 어떠했을까? 원치 않는 불안과 긴장에서 벗어나 조금이라도 쉴 수 있었다면 어떠했을까?

자기결정권과 자원접근성을 회복하기 위해서는, 다시 말해 커먼즈 차원에서 삶을 영위하기 위해서는 자원을 생산·분배·이용하는 능력을 키우는 것이 중요하다. 하지만 대량생산과 글로벌 소비 자본주의, 전문가 및 관료 중심 사회는 이런 능력을 탐탁지 않게 본다. 오스트리아 철학자 이반 일리치Ivan Illich의 말을 인용해보자.

> 상품이 어느 한계점을 지나 기하급수적으로 생산되면 사람은 무력해진다. 자기 손으로 농사를 지을 수도, 노래를 부를 수도, 집을 지을 힘도 없게 되는 무기력이다. 땀을 흘려야 기쁨을 얻는 인간의 조건이 소수 부자만 누리는 사치스러운 특권이 된다. 케네디 대통령이 '진보를 위한 동맹'the Alliance for Progress을 출범하기 전까지 멕시코의 다른 작은 마을처럼 아카칭고 마을에도 네 개의 악단이 마을 잔치에서 악기를 연주하며 800여 명의 이웃을 즐겁게 했다. 요즘에는 레코드와 라디오가 확성기로 울려 퍼지면서 지역의 예인들이 사라지고 있다. (…) 자기 손으로 집을 짓겠다는 사람은 유별난 사람이라고 손가락질받게 되었다. 그런 사람은 대량생산된 건축 자재를 공급하는 지역의 이해단체와 협력을 거부하는 사람이기 때문이다. 또한 수많은 법 조항이 생겨나 그의 독창성은 오히려 불법으로 규정되고 범죄행위라는 딱지가 붙는다.
>
> — 이반 일리치 지음, 허택 옮김, 『누가 나를 쓸모없게 만드는가』, 느린걸음, 2014, 33쪽.

많은 현대인은 자기 삶을 위해 자기가 가진 기술을 사용할 수 없게 되었다. 그렇게 되면서 타인의 기술을 구매할 능력이 없는 소비 무능력자, 즉 가난한 사람들이 가장 큰 어려움을 겪고 있다. 새로운 상품이 전통적인 자급자족 기술을 대체할 때 소비 능력이 없는 사람들이 가장 먼저 고통받을 수밖에 없기 때문이다. 일정한 직업이 없는 사람들이 고용되지 않은 상태로 할 수 있는 의미 있는 일들은 노동시장이 확장되면서 사라져버렸다. 직장 밖에서도 생계 이외의 의미 있는 일을 할 자유가 사라진 것처럼, 손수 '집을 짓는 일' 같은 스스로 선택한 행위는 이제 사회적 기준에서 벗어난 일 아니면 한가한 부자나 누릴 수 있는 특권이 되었다.

이반 일리치에 따르면, 풍요가 인간을 무력하게 만든다. 또 풍요에 중독될 때 중독은 문화 속으로 깊이 스며들어 역설적으로 '가난의 현대화'가 생겨난다. '가난의 현대화'는 상품화의 확산과 더불어 어김없이 발생하는 양적 경제성장의 어두운 측면이다. 필요한 자원을 스스로 생산할 기술과 도구, 결정권을 갖지 못한 사람들은 가난의 늪에서 빠져나올 수 없게 된다. 이 현대의 가난 또는 가난의 현대화는 바로 우리의 쉼과 존엄성을 지키기 위해 필요한 자기결정권과 자원접근성이 무너진 데 따른 현실이다.

"나는 쉰다,
그러므로 존재한다"

인간으로서의 존엄성을
되찾고 지키는 상태인 쉼에 대해 상상하기 위하여 잠시
유대교와 기독교 전통인 '안식일'Sabbath day의 의미를 살
펴보려 한다. 안식일에 대한 언급은 기독교(혹은 유대교)
『성경』「출애굽기」(20: 8~11)와 「신명기」(5: 12~15)에서 찾을
수 있다.

> 안식일을 기억하여 그날을 거룩하게 지켜라. 너희는 엿새 동안
> 모든 일을 힘써 하여라. 그러나 이렛날은 주 너희 하나님의 안
> 식일이니, 너희는 어떤 일도 해서는 안 된다. 너희나, 너희 아들
> 이나 딸이나, 너희의 남종이나 여종만이 아니라, 너희 집짐승이
> 나, 너희의 집에 머무르는 나그네도, 일을 해서는 안 된다. 내
> 가 엿새 동안 하늘과 땅과 바다와 그 안에 있는 모든 것을 만들
> 고 이렛날에는 쉬었기 때문이다. 그러므로 나 주가 안식일을 복
> 주고, 그날을 거룩하게 하였다.
>
> ― 「출애굽기」(20: 8~11), 『새번역 성경』.

너희는 안식일을 거룩하게 지켜라. 이것은 주 너희의 하나님이

너희에게 명한 것이다. 너희는 엿새 동안 모든 일을 힘써 하여라. 그러나 이렛날은 주 너희 하나님의 안식일이니, 너희는 어떤 일도 해서는 안 된다. 너나, 너의 아들이나 딸이나, 너희의 남종이나 여종뿐만 아니라, 너희의 소나 나귀나, 그 밖에 모든 집짐승이나, 너희의 집안에 머무르는 식객이라도, 일을 해서는 안 된다. 너희의 남종이나 여종도 너와 똑같이 쉬게 하여야 한다. 너희는 기억하여라. 너희가 이집트 땅에서 종살이를 하고 있을 때에, 주 너희의 하나님이 강한 손과 편 팔로 너희를 거기에서 이끌어내었으므로, 주 너희의 하나님이 너에게 안식일을 지키라고 명한다.

— 「신명기」(5: 12~15), 『새번역 성경』.

안식일을 지키라는 것은 이집트를 탈출한 히브리인들에게 그들의 신 야훼(여호와)가 내린 십계명 중 넷째 계명이다. 이 계명은 사람뿐만 아니라 살아 있는 모든 생명은 무조건 쉬어야 한다는 것으로, 신의 절대적 명령이다. 모든 노동을 중단하라는 것이다. 그날은 신도 쉰 날이기 때문이다.

이들이 신의 명령으로 지키는 안식일의 기원은 분명치 않다고 한다. 고대 중동지역에서는 농경민족이든 유목민족이든 노동일과 휴식일 분리가 일반적 형태여서, 어느 경우에는 절기로, 또 어느 경우에는 특정 날로 분리하여 그 휴식일이 안식일의 의미로 쓰였다. 바빌론인은 자신들이 사용하는 달력으로 매월 15일 혹은 만월을 '샤바투'shabattu라 불렀으며, 히브리어 발음 표기로 'shabbat'는 '중지하다', '멈추다'라는 의미를 지녔다. 이것이 안식일의 영어식 표기 'Sabbath'의 유래라고 할 수 있다.

안식일은 6일 동안 신께서 창조행위를 하시고, 그것을 보고 기뻐하며 모든 일을 멈추고 하루를 쉰 날이다. 신이 자신의 창조행위 이후 스스로 가장 먼저 행한 '쉼'을 피조물인 인간에게도 명령했다는 것은 인간이기에 어쩔 수 없이 해야 하는 시시포스의 노동을 멈추고, 즉 인간의 삶에서 잠시 벗어나 쉼·안식이라는 신의 행위를 인간도 똑같이 취하라는 의미다. 따라서 안식일을 지키는 것, 즉 쉼은 거룩한 것이라 할 수 있다. 쉼이 사람으로서 존엄한 상태라는 생각이 여기에 덧붙여질 수 있으며, 이렇게 말할 수 있을 것이다. "나는 쉰다, 그러므로 존재한다."Requiésco ergo sum (레퀴에스코 에르고 숨).

잘 알려져 있다시피, 유럽 근대사상의 문을 연 르네 데카르트René Descartes는 "나는 생각한다, 그러므로 존재한다"Cogito ergo sum라는 명제를 통해 인식론적 주체를 확립했다. 지금 이곳에서 우리는 개인과 사회가 공존할 수 있는 공동체적 주체를 제안하기 위하여 "나는 쉰다, 그러므로 존재한다"라고 말할 수 있어야 하지 않을까? 라틴어

'requiésco'에는 '쉬다', '휴식하다', '위안을 찾다', '위로 받다', '쉬게 하다', '멈추다'와 같은 뜻이 있다. 'quiésco' 나 'cesso'도 비슷한 의미를 가지고 있다. 이 책에서 말하는 '쉼'의 의미를 표현하기 위해 'requiésco'를 사용한 기독교『성경』라틴어 판본 일부를 살펴보자.「창세기」2장 2절과 3절 "하나님은 하시던 일을 엿샛날까지 다 마치시고, 이렛날에는 하시던 모든 일에서 손을 떼고 쉬셨다. 이렛날에 하나님이 창조하시던 모든 일에서 손을 떼고 쉬셨으므로, 하나님은 그날을 복되게 하시고 거룩하게 하셨다"에서 '쉬셨다'의 라틴어 표현은 'requiésco'를 기본형으로 하는 'requiēvit'와 'requiēverat'이다.

여기서 쉼의 본질로서 안식일의 특징은 '모든 노동의 금지'에 있다. 아무것도 하지 말고 쉬라는 것 이외에 신을 위한 제의나 어떤 관습도 전혀 언급되어 있지 않다. 여기서 신과 인간의 관계가 잠깐일지라도 다른 여섯 날과는 다르게 나타난다.

신과 다른 피조물을 구별하는 대표적인 표현은 '거룩함'이다. 거룩함은 완전과 불완전, 깨끗함과 더러움을 구별하고 분리한다. 완전함으로서의 신과 불완전으로서의 인간을 구별하는 표현이기도 하다. 이렇게 신과 구별되는 인간은 신과의 위계적 관계를 확인하기 위해 경배 또는 예배를 드리고 제의를 갖춘다. 그런데 쉼은 이런 구별을 무화無化시킨다. 신처럼 일을 중단하고 쉬기 때문이다. 쉰다는 것은 인간이 정한 인위적이고 상징적인 것, 지키지 않으면 처벌이 뒤따르는 합의들로부터도 해방된 자유로운 상태다. 그 합의는 신과 인간을, 사람과 사람 사이를 구별하고 위계를 만드는 계약이다. 쉰다는 것은 이러한 위계적 구별을 없앤다. 편히 쉰다는 것은 어깨를 짓누르는 듯한 의무와 부채를 내려놓는 것이다. 어깨 위 무거운 짐을 내려놓음으로써 스스로 자유롭게 자기 존재를 위한 의지, 삶을 위한 의지를 회복하는 것이다. 따라서 안식일, 즉 쉼의 본질은 노동의 금지이자 사람들 간의 불평등한 관계를 넘어서는 상태라고 상상할 수 있다. 나아가 나(타인)의 안식일 또는 쉼을 보장하기 위해 타인(나)의 노동이 강요되어서는 안 된다는 태도이기도 하다.

안식일이 야훼의 날인 이유는 야훼가 행한 '쉼'을 취하기 때문이다. 따라서 쉼은 거룩하며, 신을 바라보고 닮아가겠다는 하나의 신앙고백이기도 하다. 안식일에는 어떤 노동도 하지 않으면서 편히 쉬는 것만이 신을 경배하는 가장 확실한 방법일지도 모른다. 이런 의미에서 쉼은 종교적으로 구원의 상태이며 동시에 불평등으로부터 해방된 상태다.

"유다야, 네가 안식일에 발길을 삼가 여행을 하지 않으며, 나의 거룩한 날에 너의 쾌락을 일삼지 않으며, 안식일을 '즐거운 날'이라고 부르며, 주의 거룩한 날을 '존귀한 날'이라고 한다면, 그리고 이날을 귀하게 여겨서, 네 멋대로 하지 않으며, 너 자신의 쾌락을 찾지 않으며, 함부로 말하지 않으면, 그때에 너는 주 안에서 즐거움을 얻을 것이다. 내가 너를 땅에서 영화롭게 하고, 너의 조상 야곱의 유산을 먹고 살도록 하겠다." 이것은 주님께서 친히 하신 말씀이다.

— 「이사야」(58: 13~14), 『새번역 성경』.

쉼에 대한 신의 명령은 장벽을 쌓고 규칙을 정하고 제의를 지키라는 것이 아니다. 명령을 따르지 않으면 벌을 내리겠다는 권위적 위협도 없다. 오히려 정반대다. 누군가의 노동을 강요하는 돈벌이도, 권위적 위계관계로 타인에게 고통을 주는 것도 하지 말라고 한다.『성경』여러 곳에서 인간들이 만들어놓은 불평등의 '멍에'를 풀어주고, 매인 자들을 '석방'하고, 장벽을 '부수어버린' 상태가 신의 명령으로서의 안식일임을 기술하고 있다. 떠돌이들에게 안식처를 마련할 수 있도록 하고, 헐벗고 굶주린 이들을 품을 수 있도록 장벽을 허물라고 한다. 이렇듯이『성경』에서 이야기하는 신의 '영광'과도 같은 상태란 쉼을 통한 존엄한 생명으로의 회복이다. 쉼은 장벽과 구속을 부정하는 해방과 구원에 대한 상상이며, 신 앞에 평등한 생명체가 누려야 할 궁극적인 가치이자 상태다.

쉼은 수동적 상태가 아닌,
적극적 행위다

기독교가 시작되는 예수의 생애 시절, 안식일의 의미는 새로운 전기를 맞이한다. 당시 유대인들은 로마의 식민 지배를 받았는데, 유대교 바리사이파는 엄격한 율법으로 유대인들의 생활 속에 파고들었다. 유대인들은 처음에는 종교적 정체성을 유지하기 위해 율법을 중요하게 받아들였다. 하지만 바리사이파는 이후 율법 자체를 위해 대중을 감시하는 입장에 서게 되었고, 더 많은 규율을 강제했다.

예를 들어 안식일에 관한 규율은 당시 39개나 되었다고 한다. 그런데 이 규율들을 지키려면 사회경제적으로 어느 정도 높은 직업 및 생활 수준이 요구되었다. 하루 벌어 하루 생계를 유지해야 하는 사람들, 그마저도 못 벌어 생계가 위태로운 사람들, 목동, 뱃사공, 떠돌이들에게 하루 동안 생계 유지를 위한 일을 하지 말라는 규율을 지키기란 대단히 어려운 일이었다. 그리고 바리사이파 사람들은 특정 질병에 걸린 환자를 죄인으로 규정하는 정결법을 일반화하여, 아프고 굶주리고 헐벗은 사람들이 스스로 죄인이라는 자괴감을 느끼며 살도록 조장했다. 이것은 지금도 마찬가지다.

무조건 율법만 강조하는 것은 많은 사람에게, 특히 가난한 이들에게 일상의 폭력으로 다가왔다. 인간을 가두고 옥죄는 장벽과 구속을 허물고 안식일에는 쉬라고 한 야훼의 명령에 담긴 의도와 달리, 안식일은 점점 그 누구를 위한 것도 아닌 고통의 원인으로 변질되었다.

이러한 상황에서 예수는 안식일과 관련해 바리사이파와 정면으로 부딪치며 논쟁을 한다(「마가복음」 2: 23~28, 3: 1~6). 안식일의 본질에 관한 근본적 문제를 다루는 논쟁이었다. 예수는 안식일이 사람을 위하여 있는 것이지 사람이 안식일을 위하여 있는 것은 아니라고 말하며, 율법 때문에 훼손된 안식일의 의미를 회복시키려 한다.

여기에 머물지 않고 예수는 안식일에 환자를 치료해주면서 아무 일도 하지 말아야 한다는 안식일의 규율을 무력화한다. 오히려 이웃의 아픔을 덜어줌으로써 쉬도록 하는 치료행위가 안식일의 의미에 부합함을 몸소 보여준다. 쉼이란 그저 가만히 있는 수동적 상태가 아니라, 쉼을 방해하는 장벽을 허무는 적극적 행위로 나아가야 함을 행동으로 말한 것이다. 민중신학자 안병무는 이를 두고 "이

것은 가장 구체적인 인권 선언이다"(안병무, 『역사와 해석』, 한국신학연구소, 1998)라고 평가했다. 요컨대 쉼은 거룩한 행위이며, 쉼을 회복한다는 것은 우리 스스로 그리고 아프고 가난한 자들을 포함한 이웃들과의 연대를 통해 쉼을 가로막는 장벽을 없앰으로써 자유와 평등의 인권을 회복하는 과정인 것이다.

송철호와 이지안은
편안함에 이를 수 있을까?

운전수 어디로 가시죠?

철호 해방촌.

(자동차가 원을 그리며 돌자,)

철호 아니 동대문 부인 병원. 아니 종로 경찰서.

(운전수와 조수가 못마땅해서 힐끗 돌아본다.)

(중략)

운전수 어쩌다 오발탄 같은 손님이 걸렸어. 자기 갈 곳도 모르게.

(철호가 그 소리에 눈을 떴다가 스르르 감는다. 밤거리의 풍경이 쉴 새 없이 뒤로 흘러간다. 여기에 철호의 소리가 W(Wipe)한다.)

철호	아들 구실. 남편 구실. 애비 구실. 형 구실. 오빠 구실. 또 사무실 서기 구실, 해야 할 구실이 너무 많구나. 그래 난 네 말대로 아마도 조물주의 오발탄인지도 모른다. 정말 갈 곳을 알 수가 없다. 그런데 지금 나는 어딘지 가긴 가야 하는데….
	(이때 네거리에 자동차가 벨 소리와 함께 선다.)
조수	(돌아보며) 어딜 가시죠?
	(철호가 의식이 몽롱해진 목소리로)
철호	가자.

— 영화 《오발탄》, (유현목 감독, 제작 대한영화사, 1961).

유현목 감독의 1961년 영화 《오발탄》의 마지막 장면이다. 1950년대 전후 한국 사회의 빈곤과 불안, 사회적 모순과 윤리적 혼란을 월남한 가족을 통해 묘사한 이 작품은 1959년에 발표된 이범선의 동명소설이 원작이다. 택시 안에서 혼자 신음하듯 읊조리던 주인공 송철호는 계리사 (지금의 회계사) 서기이자 월남한 빈민 가족의 가장이다. 그에게는 책임져야 할 가족이 여섯 명 있다. 북쪽 고향을 향해 늘 "가자"를 외치는 정신이상의 노모, 만삭이나 영양실조에 걸린 아내, 전쟁에서 부상을 입고 제대한 다음 사고뭉치로 살아가는 동생 영호, '양공주'로 생계를 돕는 여동생 명숙, 신문팔이 하는 막내 민호, 방황하는 어린 딸이 그의 가족이다. 양심만 팔면 좀 더 부자가 될 수 있었을 것이라 후회하지만, 그는 자신의 충치도 뽑지 못하고, 딸의 신발도 선뜻 사지 못하면서 하루하루 살아간다. 그러다가 동생 영호가 은행 강도를 하다 경찰에게 붙잡히고, 아내는 출산 중 사망한다. 설상가상 철호는 치통으로 괴로워하다 사랑니 두 개를 한꺼번에 뽑은 후 오한과 어지럼증으로 힘들어한다. 택시를 타긴 했지만, 동생이 수감된 경찰서, 아내의 시신이 있는 병원, 그리고 '가자'만을 외쳐대는 노모가 계신 집, 이 모든 곳을 가야 하면서도 어느 곳도 가질 못하고 있다.

《오발탄》의 송철호에게 쉰다는 것은 무엇일까? 송철호와 그의 가족이 겪는 좌절과 방황은 전후 가난이라는 객관적인 사실에서부터 설명을 시작할 수도 있다. 그런데 그는 왜 가난에서 탈출하기 위해 '양심'을 저버리지 않았을까? 윤리적 혼돈 상황 속에서도 양심 때문에 박봉의 늪을 벗어나지 못하는 철호가 양심을 저버리고 부를 얻을 수 있는 길을 택했다면 어땠을까? 그는 민호에게 학업의 기회를 줄 수도, 영호에게 좋은 변호사를 선임해줄 수도 있었을 것이다. 아니 영호의 범죄와 명숙의 '양공주' 일을 처음부터 막을 수 있었을 것이고, 아내는 순산하여 소중한 아기를 품에 안고 철호를 기쁘게 기다렸을지 모른다. 그의 치통은 별것 아니었을 것이며, 실향민인 어머니를 위로할 수 있는 방법도 찾았을 것이다. 그렇다고 해도 그가 양심을 팔아 생긴 돈이 그의 문제들을 한번에 해결할 수 있었을까? '최초에 가난이 없었더라면' 철호에게 아무 문제가 없었을까? 송철호가 겪는 고통과 혼란의 출발점은 분명 한국전쟁 직후 1950년대 절대 빈곤의 상황이었다. 하지만 이 출발점만으로 그가 겪는 고통과 사회적 혼란을 모두 설명할 수는 없으며, 문제를 극복할 방법도 찾을 수 없다. 그리고 송철호가 도시 빈민이 아니었더라도 아마 그는 편히 쉬지 못했을 것이다.

《오발탄》은 이미 반세기 이상 지난 과거의 현실을 보여주기에 지금의 풍요로운 세상을 살아가는 우리의 처지와 비교하기는 어렵다. 그런데 반세기가 지난 지금 우리의 삶은 송철호와 그의 가족이 살았던 현실로부터 얼마나 멀리 떨어져 있을까? 여전히 장애인은 사회적·제도적으로 차별받고 있으며, 치매로 고생하는 노인이 제대로 된 사회보장제도의 혜택을 받지 못하면 가족 모두가 천형을 감내해야 한다. 성매매는 독약처럼 사회에 퍼져 가난하고 힘없는 여성들을 망가뜨리고 있으며, 사회경제적 약자들에게 출산은 더 이상 기쁨이 아니라 고통의 원인이 되었다. 송철호가 탄 택시가 어디로 갈지 몰라 네거리를 도는 모습은 평안한 일상이 무너져 어느 곳에서도 쉴 수 없이 떠돌아야 하는 우리의 모습과 다르지 않다.

동훈   부모님은 계시나?

     (지안이 쳐다본다.)

동훈   할머니 때문에 물어보는 거야.

지안   돌아가셨어요, 두 분 다.

동훈   할머니한테 다른 자식은?

지안   없어요.

동훈   근데 왜 할머니를 네가 모셔? 요양원에 안 모시고?

동훈   쫓겨났어요. 돈을 못 내서.

동훈   손녀는 부양의무자 아니야. 자식 없고 장애 있으면 무료
     로 들어갈 수 있는데, 왜 돈을 못 내서 쫓겨나?

     (지안이 놀라 다시 쳐다본다.)

동훈   아 혹시 할머니랑 주소지 같이 돼 있나?

동훈   하아 (답답한 한숨)

동훈   주소지 분리해. 같이 사는 데다가 네가 소득이 잡히니까
     혜택을 못 받는 거 아니야. 주소지 분리하고, 장기요양보
     험 신청해. 그런 거 가르쳐주는 사람도 없었냐?

     (지안이 고개를 떨군다.)

     — tvN 드라마 《나의 아저씨》(극본 박해영, 연출 김원석) 7화, 2018.

2018년 방영된 tvN 드라마 《나의 아저씨》 7화에서 주
인공 박동훈(이선균 분)과 이지안(이지은 분)이 나누는
대화다. 동훈은 삼형제 중 둘째로서, 매사에 큰 욕심 없이

안전하고 순탄한, 그렇지만 부끄럽지 않은 삶을 살아가려고 노력한다. 지안은 가난한 가정에서 태어나 일찍 부모를 잃고 장애를 가진 할머니를 모시며 차가운 현실을 견디고 있다. 지안은 듣지도 못하고 거동조차 어려운 할머니를 홀로 모시기 어려워 사설 요양원에 입원시켰다. 부모가 진 빚을 물려받아 갚고 있으며 할머니 요양원 비용을 감당하지 못해 하루하루 불행을 견디며 살아간다. 지안은 밀린 요양원 비용을 내지 못해 할머니를 늦은 밤 몰래 요양원에서 모시고 나와 집으로 도망친다(위 대화에서는 돈을 못 내서 쫓겨났다고 했지만). 식당 일을 하다 남은 음식으로 끼니를 때울 정도로 형편이 어려운 지안이 중증 장애인 할머니까지 혼자 힘으로 돌보는 것은 매우 힘든 일이었다. 위의 대화는 지안이 동훈과 같은 직장에서 일을 하게 되면서, 지안이 할머니와 함께 어렵게 살고 있다는 사실을 우연히 알게 된 동훈이 퇴근 지하철 안에서 지안에게 할머니에 관해 묻는 장면이다.

드라마 초반부, 지안이 할머니를 모시고 사설 요양원에서 도망치는 모습을 보면서, 나를 포함한 적지 않은 시청자들이 지안의 행동에 어리둥절해하거나 답답해했다. 혹은 작가가 '노인장기요양보험' 제도가 있는 요즘 세상 물정을 너무 모르고 극본을 쓴 것은 아닌가 의아해하기도 했다. 하지만 드라마 중반부 이 대화 장면을 보면서, 나는 가슴 한구석을 큰 망치로 얻어맞은 듯한 아픔을 느꼈다. 동훈이 던진 "자식 없고 장애 있으면 무료로 들어갈 수 있는데"와 "그런 거 가르쳐주는 사람도 없었냐?"라는 말에 놀라면서도 흔들리는 지안의 눈 속에 담긴 허탈함을 보며 슬픔과 연민을 느꼈기 때문이다. 지안이 아픈 할머니를 어디로 모셔야 할지 고민할 때, 동훈보다 먼저 어떤 이가 지안에게 비용 없이 치료와 돌봄 서비스를 받을 수 있는 방법을 알려주기만 했어도, 아니면 사설 요양원에서 지안에게 돈을 받아내는 데만 혈안이 되지 않고 제대로 된 상담과 안내만 했어도, 지안은 세상을 증오하는 마음을 가지지 않고 갚아야 할 빚과 할머니 걱정으로 단 하루도 편히 누워 잠들지 못하는 삶을 살지 않았을지도 모른다.

지안은 동훈을 만나고 '후계동' 사람들을 알게 되며 삶이 변하기 시작했다. 동훈 역시 지안을 만나 함께하며 삶의 고통과 어려움을 극복하게 된다.

(동훈과 지안이 오랜만에 만나 반갑게 악수를 한 뒤, 서로 돌아서 각자 길을 걷는다.)
동훈　(보이스오버) 지안, 편안함에 이르렀나?
지안　(보이스오버) 네. (다시) 네.
(각자 미소를 짓는다.)

—《나의 아저씨》 16화.

지안은 과거의 아픔과 상처에서 벗어난 후 새 직장에서 삶을 다시 시작한다. 직장 일이 쉽지만은 않을 것이고, 살다 보면 또 다른 어려운 일이 일어날 것이다. 하지만 지안에겐 적어도 이제 동훈이 있을 뿐만 아니라, 전화를 걸어 함께 밥을 먹고 희로애락을 이야기할 사람들이 생겼다. 그들은 그동안 지안을 짓눌렀던 편견과 차별의 흔적을 지워나갔고, 사회경제적으로 그리 큰 힘은 없을지라도 지안에게 세상을 함께 살아가는 이웃이자 벗이 되려고 애썼다. 돈이나 사회적 지위의 힘을 빌리지 않고도, 지안의 인간적 존엄성을 지켜주고자 했다.

만일 《오발탄》의 송철호와 그의 가족에게 송철호의 양심 어린 박봉뿐만 아니라 《나의 아저씨》 속 지안을 '편안함'에 이를 수 있게 한 '후계동'과 같은 마을이 있었다면, 그 택시는 어디로 향했을까? 《나의 아저씨》 속 동훈과 그의 형제와 친구들, 그리고 지안이 함께 시간을 보낼 수 있는 후계동 '정희네'와 같은 장소가 있었다면, 송철호가 탄 택시가 목적지 없이 네거리를 돌지는 않았을 것이다. 송철호는 스스로를 '오발탄'이라고 자조하지도 않았을 것이다.

그런 동네, 그런 장소가 송철호 곁에 없다 하더라도, 2차 세계대전 직후 영국이 복지제도를 추진했던 것처럼 우리나라가 만일 한국전쟁 직후 부족할지언정 사회안전망 제도와 정책을 함께 추진해나갔다면(당시 한국 사회에서는 사실 불가능한 일이었지만 논의의 전개를 위해 가정해보는 것이다), 송철호의 어머니는 어쩌면 집 근처 국공립 요양원에서 편안한 여생을 보낼 수 있지 않았을까? 막내 민호는 무상교육으로 미래를 위한 배움의 기회를 포기하지 않아도 되고, 영호와 명숙은 가망 없는 현실에 좌절하지 않았을지 모른다. 송철호의 어린 딸도 자존감을 잃지 않으며 일상을 살아갈 수 있었을 것이다. 그의 아내가 공공의료기관에서 임산부로서 귀한 대접을 받으면서 아기를 순산할 수 있었다면, 그리고 피난민 판자촌이라 할지라도 가족들이 쫓겨날 걱정 없이 살 수 있는 집 한칸 있었다면, 송철호는 그날 택시 운전수에게 어디로 가자고 말했을까? 사랑니 두 개를 뽑아 오한과 어지럼증으로 힘들더라도 집이 있는 '후암동으로 갑시다'라고 말하며, 아내와 아기를 곧 만나게 될 설렘과 기쁨으로 택시 안에서 잠시 편한 휴식을 취하지는 않았을까? 사회적 안전망이 잘 갖춰져 있었다면 인도 아흐메다바드에 사는 바산티도, 한국 후암동에 사는 송철호도 자기가 누리는 존엄한 쉼을 결코 사치라거나, 그저 누군가에게 감사해야 하는 기적 같은 일로 생각하지 않았을 것 같다. 그랬다면 이지안도 박동훈을 만나지 못하고 후계동에 살지 않았더라도 '편안함'에 이르렀을지 모른다.

'공생공락'을
위하여

쉰다는 것은 서로의 아픔과 통증에 공감하면서, 그 아픔과 통증을 해소하기 위해 함께 협력하는 상태이기도 하다. 우정, 사랑, 연대, 환대와 같은 사회적 관계의 핵심은 바로 이 '공감', 그리고 저 사람의 아픔과 기쁨은 곧 나의 아픔과 기쁨이라는 감정의 교류를 통한 공동의 행동양식을 마련하는 데 있다. 그래서 쉼은 삶을 향한 의지를 함께 만들고 즐거움을 함께 누리는 공생공락共生共樂(conviviality)을 포함한다. 이반 일리치는 산업사회에서 강조되는 전문성보다 개인의 자율성과 창조성을 우선시하고, 살아가는 데 필요한 기술과 도구를 직접 이용하고, 행복을 공유하고, 약자와 가난한 사람들의 자유를 먼저 생각하는 삶을 공생공락과 연결한다.

『녹색평론』 발행인이었던 김종철은 '물질적으로 넉넉하지는 않지만(실은 물질적으로 가난하기 때문에 가능한) 상호부조와 협동적 관계 위에서' 함께 살아온 오래된 삶의 방식이 공생공락이라고 말한다. 공생공락은 물질적 풍요와 돈을 앞세우는 삶과는 거리가 멀다. 오히려 가난할수록 가능하고, '공생공락의 가난'으로 서로 협력하는 호혜적 관계망을 만들 수 있다(김종철, 「'공생공락의 가난'을 위하여」, 『녹색평론』 97호, 2007).

물론 쉰다는 것은 일이 없는 자유시간을 즐기려는 '여가'leisure를 의미하기도 한다. 영국의 작가 체스터턴Gilbert Keith Chesterton은 사람들이 여가를 맞아 무언가를 해도 되고, 또 무엇이든 할 수 있으며, 가장 중요하게는 아무것도 하지 않아도 된다고 말했다. 쉼과 여가 사이에는 비슷한 점이 꽤 있다. 그런데 지금 여가는 '휴가'의 개념과 유사하게 받아들이게 되면서, 어디론가 떠나든지 그동안 하지 않은 뭔가를 하든지 좋아하는 것을 찾아다녀야 하는 시간으로 여겨진다. '휴가'vacation는 자유, 해방, 석방을 뜻하는 라틴어 vacātiō에서 유래했으나, 오늘날 사람들은 오랜 시간 이동하여 관광지로 여행 다니고, 좋은 음식점에서 식사하고, 공연 및 관람 프로그램을 쫓아다니고 비싼 숙박비를 지불하면서 휴가를 보낸다.

물론 필요한 만큼의 적절한 비용을 들여 원하는 여행지에서 새로운 경험과 즐거움을 만끽하고, 일상에 지친 사람들에게 다시 삶의 의지를 불어넣는 여가와 휴가는 나쁘다고 말할 수 없다. 문제는 아무것도 하지 않아도 되거나 무엇이든 할 수 있는 가능성이었던 휴가와 여가가 이제 소비 능력이 있어야 즐길 수 있는 상품으로 변질되었다는 것이다. 체스터턴은 아무것도 하지 않아도 되는 '무위'無爲라는 위대한 작품으로서의 여가를 창조적으로 활용할 수 없게 되자, 새로운 철학과 종교의 등장도 멈춰지게 되었다고 했다.

공생공락의 쉼을 상상하기 위해 '숲'을 떠올려보자. 숲은 쉼을 상상할 수 있는 최선의 상태다. 숲에서 생명체는 고유한 생애주기를 보낸다. 하나의 개체는 다른 개체의 시간을 침해하지 않고 자기의 속도를 강요하지 않는다. 시간을 침해받고 속도가 강요된다면, 오히려 숲의 생태계는 깨진다.

숲에서는 1년생 식물과 수백 년 된 나무가 공생하고, 음지의 버섯과 태양을 향해 가지를 뻗는 활엽수가 공존하며 자연의 생태계를 이룬다. 땅속 벌레와 각종 미생물이 동식물 유기물을 분해하여 숲의 나무에게 자양분을 제공하고, 나무 그늘에서 새들과 동물들이 살아간다. 숲을 구성하는 다양한 일원들의 생애주기는 제각각이지만, 생명체들은 서로 삶의 기반이 되어 함께 사는 숲을 만든다.

쉼이 있는 사회는 숲과 같아, 그곳에서는 사람들이 따로 또 같이 차별이 아닌 평등한 차이 속에서 유기적 관계를 이룬다. 그들은 서로의 존재 기반이자, 존재의 의미가 된다. 우정, 사랑, 환대, 연대는 쉼이 있는 사회의 소중한 자양분이다. 사람들이 서로의 존재 기반이 되기 위해서는, 그래서 삶의 의지를 포기하지 않고 살아가기 위해서는 서로 다른 시간의 흐름을 인정할 수 있어야 한다.

쉼이 있는 사회는 경제성장이나 국가발전 전략을 이유로 누군가의 삶과 존엄성을 침해하지 않는다. 쉼이 있는 사회는 도시재개발의 시간에 따라 원주민을 내쫓지 않는다. 비슷한 나이대의 아이들에게 동일한 학습 프로그램을 제공하여 표준화된 성과를 내지 못하면 원하는 미래를 선택하지 못하게 하는 교육이 더는 상식으로 받아들여지지 않는다. 현대화와 도시화만을 정답으로 삼거나, 자본주의의 교환가치가 기준이 되지도 않는다. 우리는 우리를 쉬지 못하게 하는 것들을 당당하게 부정할 수 있어야 쉼이 있는 사회를 향해 한 걸음 나아갈 수 있다. 그 부정은 곧 삶을 스스로 영위할 수 있는 우리의 자유로운 의지와 공생공락의 쉼을 회복하는 과정 가운데 하나이기 때문이다.

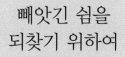

빼앗긴 쉼을
되찾기 위하여

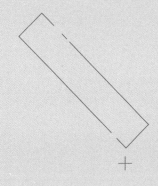

나는 쉰다, 그러므로 존재한다.

'오멜라스 사람들'이
사는 법

미국의 소설가 어슐러 르귄Ursula Le Guin이 1973년에 쓴 단편소설 「오멜라스를 떠나는 사람들」에서 묘사되는 오멜라스는 행복의 정점에 있는 완벽한 도시다. 죄인도, 노예도, 범죄자나 경찰도 없고, 주식이나 가짜 뉴스도, 무기나 경쟁도 없다. 오멜라스에 사는 사람들은 처절하게 경쟁하지 않더라도 인생에 대한 승리감을 느끼며 살아간다. 종교는 있으나 사제는 없다. 아이들이 재갈을 물리지 않은 말과 함께 뛰어놀고, 밝은 햇살과 상쾌한 바람이 감도는 풀밭이 언제나 마을을 둘러싸고 있다. 몸과 마음을 상쾌하게 하고, 한동안 나른함과 황홀경을 느끼게 하는 '드루즈'라는 의존성 없는 마약의

은은한 향을 어디서든 마실 수도 있다. 적당히 즐기며 일하고, 맘껏 쉬고 사랑하며 시간을 보낸다. 어쩌면 이 책이 그리는 '쉼이 회복된 세상'의 전형일지도 모르겠다.

그런데 오멜라스 사람들에게는 모두가 아는 한 가지 비밀계약이 있다. 한 줌의 빛도 들지 않는 눅눅한 지하실에 갇혀 옥수숫가루와 기름 반 그릇으로 하루를 연명하면서 엉덩이와 허벅지를 비롯해 온몸이 짓무르고 곪은 채 상처투성이로 살아가는 한 아이에 관한 이야기다. 이 아이는 매일 울부짖다가 이제는 '어어어'라는 소리만 간신히 낼 뿐이다. 오멜라스 사람들은 말귀를 알아듣는 열 살쯤 되면 이 아이에 관한 이야기를 듣게 되고, 때로는 아이가 갇힌 지하실에 가서 아이를 보곤 눈물을 흘리며 돌아간다. 그러나 어느 누구도 아이를 구하려 들지도, 말을 건네려 하지도 않는다.

이것이 오멜라스의 행복을 유지하는 엄격한 비밀계약의 내용이다. 누구 하나라도 아이에게 말을 걸거나 아이를 지하실에서 꺼내게 되면, 오멜라스 주민 모두의 행복은 그 즉시 사라지게 된다는 것이다. 이 계약 때문에 사람들은 지하실에 갇힌 아이의 고통을 알면서도 아무것도 하지 않고 돌아선다. 한 아이의 고통을 구제하는 것보다 오멜라스 사람들의 행복을 지키는 일이 더 중요하기 때문이다. 하지만 오멜라스 주민 중 어떤 사람들은 비밀계약에 분노를 느끼고 오멜라스를 떠날 결심을 한다. 그저 이곳에서 먼 곳이기만 하면 된다는 식으로 정처 없이 오멜라스 밖을 향해 걸어 나간다. 그들은 바깥세상이 오멜라스보다 못할 수도 있다는 것을 각오하고 있다. 어쩌면 아이가 갇힌 지하실보다 더 잔혹한 세상이 기다릴지도 모른다. 그럼에도 그들은 오멜라스를 떠난다.

짧은 분량이지만 깊은 성찰과 충격적 반전이 있는 소설은 화려하고 희망찬 이 사회가 얼마나 위선으로 가득한 곳인지를 통렬하게 폭로한다. 오멜라스 사람들이 현재의 행복을 유지하기 위해 비밀계약을 지킴으로써, 목가적인 환경에서 늘 축제를 즐기며 무해한 마약을 탐닉하는 것을 진정한 자유이고 쉼이라고 할 수 있을까? 오히려 그들은 지하실에 갇힌 아이의 고통을 알면서도 침묵한 대가로 오멜라스가 정한 리듬에 갇혀 산 것은 아니었을까? 정당한 분노, 인간적인 슬픔과 연민, 공생공락이라는 삶의 리듬을 철저히 억제당한 채, 오멜라스가 정한 리듬 속에 갇혀 살아가는 그들의 삶을 과연 '쉼이 회복된 세상' 속 모습이라고 할 수 있을까?

적어도 오멜라스를 떠난 사람들은 오멜라스가 정한 리듬에서 벗어나려고 했다. 다만 상상을 더 확장하자면 이들이 오멜라스를 벗어나는 데서 나아가, 그 리듬이 더는 반복되지 않도록 방법을 모색했으면 어땠을까 하는 아쉬움이 남는다. 그들이 다른 사람들에게 아이를 구하자고 제안하고, 삶의 새로운 리듬을 함께 만들 수 있었으면 어땠을까? 오멜라스에 남은 사람들은 물론이고, 떠난 사람들도 결국 지하실에 갇힌 아이를 구하지 못했다. 오멜라스의 소름 끼치는 삶의 리듬은 계속 반복될 것이다.

우리를 지배하는 삶의 리듬 속에서 우리가 침묵하고 있는 비밀계약은 무엇일까? 만일 그 비밀계약을 알게 된다면, 그리고 그 비밀계약이 오멜라스의 아이와 같이 누군가의 희생과 고통에 의해 유지되는 것이라면, 혹은 우리의 노동, 소비, 자기계발이 어떤 착각에 기반한 것이라면, 우리는 이곳의 일상에 그대로 남을 것인가, 떠날 것인가? 아니면 반복되는 삶의 리듬에서 벗어나 새로운 리듬을 변주할 수 있을 것인가?

공터, 우연한 마주침,
다름과 새로움의 가능성

생명은 몸에 의존한다. 사람도 마찬가지다. 그래서 우리가 쉴 때는 몸이 있을 '장소'가 필요하다. 장소가 얼마나 안전하고 편안한지, 무엇과 연결되고 무엇을 보호하는지에 따라, 그 장소는 쉴 수 있는 곳이 되기도 하지만 불안과 공포를 느끼게 하는 곳이 되기도 한다. 몸이 안전함을 느끼지 못하면, 쉼은 불가능하다. 몸이 있는 장소에 따라 몸의 상태는 달라진다. 장소는 단지 몸이 유지되는 조건일 뿐만 아니라 몸을 규정하는 힘이기도 하다.

초호화 주택에 산다고 해도 불만이 들끓고 폭력에 시달린다거나 부채에 허덕이느라 여유를 느낄 겨를이 없는 공간이라면, 그곳은 집이 아니라 전쟁터일 뿐이다. '비가 새는 작은 방에서 새우잠을 잔다' 해도 사랑하는 이와 함께라면 잠깐이라도 행복을 느낄 수 있을지 모른다. 그러나 현실적으로 작은 쪽방이나 비가 새는 장소에서는 정상적인 생활이 불가능하다. 우리가 편안함을 느낄 수 있는 집이란 최소한 환풍과 난방이 잘 되고, 깨끗한 수도관을 통해 맑은 물을 마실 수 있고, 청결한 화장실과 부엌이 있는 곳이다. 그리고 집 가까이에는 언제든 편히 이용할 수 있는 도서관과 공원이 있다. 이런 집에서 생활해야 이웃들과 함께하며 삶의 어려움을 헤쳐 나가기 위한 돌봄의 공동체를 만들어갈 수 있는 여유가 생긴다. 살면서 힘든 일과 맞닥뜨려도 편안함을 느끼는 장소에서 쉼을 통해 힘을 회복할 수 있다.

같은 학교라도 어떤 이에게는 꿈을 키워가는 우정과

배움의 장소일 수 있지만, 어떤 이에게는 끔찍한 왕따의 경험으로 기억되는 장소일 수 있다. 식당이 누군가에게는 편안하고 즐거운 대화를 할 수 있는 장소일 수 있지만, 다른 누군가에게는 차별의 시선이 힘들어 음식 한 입을 제대로 넘기기 어려운 불편한 장소일 수 있다. 동네 공터와 놀이터가 누군가에게는 주민들이 함께 만나고, 아이들이 뛰놀고, 텃밭을 가꾸고, 벼룩시장이 열리는 신나는 장소일 수 있지만, 그곳에 화려한 대형상가를 짓고 싶어 하는 땅 주인이나 개발업자에게 그런 모습은 지역 집값 상승에 도움이 되지 않는 공간 낭비로 여겨질 수 있다. 동네 사람들이 만나고 함께 놀고 서로 친목을 도모할 수 있는, 돈으로 환산할 수 없는 소중한 가치가 발산되는 곳이 누군가에게는 수익이 최우선인 투자 대상일 뿐인 것이다.

쉴 때는 쉴 만한 장소가 필요하고, 쉼의 장소는 개방되고 서로 연결돼 있어야 한다. 쉼의 장소에 모이고 연결된 존재들은 모두 평등하다. 각자의 삶의 리듬과 속도, 그리고 차이를 인정한다. 이곳에서 사람들은 모두 존엄하게 대우받는다. 마치 뭇 생명들이 공생하는 숲과 같다. 쉼의 장소는 중심과 표준이 지배하지 않을뿐더러 단일한 목적과 힘으로 빈틈없이 채워진 곳이 아닌, 여유롭고 편안한 곳이다.

사람들이 넓은 들판에서 생계를 위해 밭을 일구고 집

을 짓고 자유롭게 살아왔지만, 영국의 인클로저 운동처럼 들판의 소유주가 들판을 오로지 '양을 위한 목초지'로만 여길 때, 들판에서 살아온 사람들은 삶의 터전에서 쫓겨나야 했다. 젊은 문화예술가들의 열정과 활동 덕분에 많은 사람이 찾아드는 공간이 된 지역의 건물주들이 오로지 임대료 수익 증가에만 관심이 있다면, 그 결과는 가파른 임대료 상승에 따른 젠트리피케이션이다. 문화예술가들은 그 장소를 떠날 수밖에 없게 되고, 그곳은 곧 폐허가 된다. 청소년들의 자유로운 창의성과 인문학적 상상력을 키우는 열린 교육을 아무리 떠들어대도, 교육의 전제가 '입시'와 '산업역군 양성'에 머무른다면 창의성과 상상력을 키우는 교육은 사실상 불가능하다.

쉼은 폐쇄된 비밀스러운 공간이 아닌, 열려 있고 무정형적인 공터에 서 있는 것과 같다. 이 공터에는 예상치 못한 마주침이 수없이 발생하고, 마주침은 처음에는 어색하지만, 어색하기에 자유롭다. 우연한 마주침이 발생하는 공터에는 어떤 규칙과 질서가 따로 있지 않으며, 그래서 어쩌면 쉬기에는 조금 불편할지 모른다. 하지만 이곳에 먼저 왔다고 해서 기득권이 있는 것은 아니다. 지금 막이 공터에 온 사람도 스스로 자유를 즐길 수 있다. 저쪽에서 축구를 할 때 어떤 이는 배드민턴을 할 수 있다. 혼자걷거나 책을 읽어도 되고, 작은 좌판을 깔아도 된다. 그러다 다른 사람의 것을 함께 즐길 수도 있다. 마주침의 공터에는 정해진 중심과 방향이 없지만, 적어도 한 가지 원칙은 필요하다. 남의 공간을 강제로 침해하거나 빼앗지 않는 것이다. 이 공간은 함께 누리는 곳이고, 자유롭게 토론하고 합의할 수 있는 곳이다. 여기서는 자기를 유일한 중심으로 세우지 않는다.

효율성, 합리성, 표준과 같은 근대 자본주의 문법이 지배하고, 이 문법에 맞지 않는 이질적인 것을 밀어내는 주류 공간을 이소토피아isotopia라고 부른다. 소외되고 폐쇄된 곳이 아닌 마주침의 공터는 고유의 공간적 특성을 지워버리는 이소토피아에 맞서, 이 주류의 힘을 무력화시키는 일종의 대항 공간counter-space이 된다. 푸코는 이 대항 공간을 헤테로토피아heterotopia라고 부르면서, 어린 시절 놀던 다락방, 박물관, 도시 외곽의 묘지, 북아프리카 해안 휴양지의 오두막, 남미 원주민 가옥 앞의 작은 손님방 등을 그 예로 들었다. 그 밖에 어떤 변화, 갱생, 통과의례를 만들어내면서, 주류 공간에서 분리되고 가리워진 곳들도 여기에 포함될 수 있다.

앙리 르페브르Henri Lefèbvre는 헤테로토피아란 자본주의 도시 공간에 이질적으로 존재하면서 동시에 '다른 무언가'를 가능케 하고, 이소토피아의 질서와 사람들의 일상을 질적으로 변화시킬 수 있는 영역이자 운동이라고 했다. 르페브르는 푸코보다 더 실천적이고 대안적인 의미로 헤테로토피아를 본 것이다. 이런 의미에서 공터는 과잉 노동과 착각 노동으로부터 벗어나 쉼의 상태로 다가갈 수 있는, '공터' 이외에 아직 기능적 이름이 붙여지지 않은 '가능성과 자유'의 장소다. 공터는 '이소토피아'로서의 중심과 목적성이 무너진 곳이고, 그 위에 자유로운 활동이 일어날 수 있는 장소다. 이소토피아가 지배하는 빈틈 없는 우리 사회의 공간 질서에 균열을 내고 새로운 상상력과 가능성의 기회를 제공할 수 있는 곳이 바로 공터, 즉 헤테로토피아다.

불행히도 도시개발로 인해 우리 주변에 마주침의 공터는 거의 남아 있지 않다. 마주침의 공터로서의 바다, 섬, 숲도 마찬가지다. 지구환경을 지키는 수많은 생명체가 살아가는 바다와 갯벌에 황량하고 거대한 새만금방조제가 들어서고, 제주 역사가 뿌리내린 강정의 구럼비 바위 벌판에 해군기지가 세워지고, 도시 곳곳에 가파르게 오르는 부동산의 투기적 가치를 나타내는 그래프처럼 하늘을 찌를 듯한 건물들이 올라가고 있다. 국가기관은 아직 개발되지 않은 혹은 새롭게 개발할 계획이 없는 국·공유지 공간을 시민들이 이용할 수 있는 기반으로 관리하지 않고, 단지 개발 가치가 낮다는 이유로 민간에 매각하고 있다. 사적 소유권의 배타적 권한이 땅과 건물 등의 부동산에서 지적 재산과 디지털 플랫폼으로, 그리고 각종 공공재와 공적 서비스까지 파고들고 있다. 공터라도 사유지라면 출입을 금지하는 경계가 구분돼 있다. 그 경계를 넘으면 무단침입, 불법점거가 된다. 낡은 권위에 대한 도전, 새로운 지성과 윤리의 가능성이 시작되는 창조적 행위인 축제는 공터가 아닌 주류 공간(이소토피아)에서는 잘 짜인 무대와 질서정연한 좌석, 그리고 정해진 프로그램이라는 통제되고 상품화된 이벤트로 변질된다. 이런 곳엔 마주침이 발생할 여지나 자유와 실험의 가능성이 남아 있지 않다. 빈 공간은 특정한 목적으로 구획되고 채워지며, 자격이 있는 사람들만 입장을 허가받는다. 결국 빈 공간은 창조와 상상의 가능성이 아니라, 정해진 목적에 맞춤한 장소가 되거나 이미 그 공간에 길들여짐을 선택한 사람들을 위한 폐쇄적 장소가 된다. 아직 세상에 남은 헤테로토피아가 겪을 미래의 현실이다.

도시의 물리적인 공간이든, 일상의 동선이나 생애주기의 어느 한 빈틈이든, 마주침의 공터가 남아 있지 않은 세상에서, 이런 공터를 상상하는 것이 허락되지 않은 채 오히려 과도한 개발이나 과잉 노동을 추구해야 하는 장소만 있는 세상에서, 일상의 동선과 생애주기는 정해진 장소와 연결망 속에서 이미 결정된다. 그와 반대로 마주침의 공터, 쉼의 장소가 있는 사회는 획일화된 중심과 목적

성만을 목표로 삼지 않는다. 마주침이 있는 쉼의 장소는 기성의 가치가 아닌 새로운 가치를 발생시키며 그 가치는 이 장소에 연결된 존재들이 공유한다. 일상의 다양한 동선도 새롭게 그려진다. 그리고 동질화된 일상의 동선과 생애주기가 막다른 길에 다다를 때, 일상의 다양한 동선은 여러 가지 삶의 선택지를 품은 채 위기 극복의 대안을 제시한다.

마주침의 공터를 이소토피아로 만들기 위해 빈 공간을 채워야 한다는 프로그램이나 콘텐츠에 대한 강박감을 가지지 않아도 된다. 공터는 비어 있으면 비어 있는 대로, 또는 채워졌다 비워지는 흐름대로 자연스러운 상태가 유지되는 장소다. 숲은 숲대로, 갯벌은 갯벌대로, 골목은 골목대로, 시장은 시장대로. 공터는 어린이를 위한 놀이터이면서도 다른 여러 부류의 사람들이 함께 시간을 보내고 즐기고 나눌 수 있는 공간이다. 이곳에서 사람들은 서로 배우고 부러워하고 싸우고 화해한다. 배달 노동자들이 잠시 땀을 닦고 물을 마시고, 볼일을 보고 쉴 수 있는 공간이 될 수도 있다. 무슨 일을 굳이 해야 할 의무도 없고, 함께하지 않는다고 미안해하거나 죄책감을 느끼지 않아도 된다. 공터, 즉 헤테로토피아는 지친 일상의 무거운 리듬을 멈추고 새로운 리듬을 변주하기 위한 마주침의 장소다. 우리의 자유와 존엄성을 지키는 민주주의를 위한 중요한 장소다.

마주침이라는 순간이 전부 유쾌한 것만은 아닐 것이다. 마주치지 않았으면 하는 자와 합의를 해야 할 때가 있고, 하기 싫은 일을 시간 내서 해야 할 때도 있다. 누군가는 아무런 통제나 규율 없이 열려 있는 공터가 냄새나고 불쾌한 '노숙자들'이나 눈총의 대상이 되곤 하는 '노인들'이 차지하는 장소로 전락하고, 밤에는 비윤리적 행위의 온상이 될 것이라고 비난할 수도 있다. 그래, 그럴 수도 있다. 그런데 그들이 거기에 있는 것이 문제인가? 문제라면 무엇이 문제인가? 그들이 혹시 저지를지도 모를 어떤 불편하고 위험한 행동에 대한 불안 때문인가? 과연 그럴까? 오히려 그들을 불쾌하고 불편한 대상으로 낙인을 찍으면서, 모른 척하고, 피하고, 있지만 없는 대상으로 만드는 것이 진짜 문제 아닐까? 만약 그렇다면 지하실에 갇힌 아이의 희생과 고통에 대해 침묵하는 오멜라스의 사람들과 무엇이 다르다는 말인가?

낯설어서 불편하게 느껴지는 이들과의 마주침을 거부하고, 그 마주침이 던진 질문을 피한다면, 그리고 행복해 보이지만 실제로는 위선과 가식에 불과한 오멜라스 같은 곳에 남기를 원한다면, 우리가 사는 곳은 진정 자유롭고 서로를 존엄하게 대우한다고 말할 수 없을뿐더러 헤테로토피아도 아니다. 여기서 삶의 리듬은 변주가 일어나지 않으며, 그래서 쉼의 가능성 또한 허용되지 않는다. 그저 정해진 똑같은 리듬이 계속 반복되기만 하는 이소토피아로 남을 뿐이다. 이런 곳은 개발을 앞두고 땅 주인이 출입 금지를 위해 장벽을 쳐놓은 황량한 사유지와 같다. 우리는 저 가능성과 마주침의 공터에서 규율이 강제하는 삶의 리듬을 멈출 수 있어야 한다. 동시에 이 장소가 우리뿐만 아니라 '불편'과 '불쾌'를 준다는 이들에게도 자유와 존엄성을 회복할 수 있는 쉼의 공간이 될 수 있도록 만들어야 한다. 우리 일상의 동선이 이곳에서 새롭고 자유롭게 그려질 수 있듯이, 그들도 우리와 함께 일상의 동선을 공유하여 새로운 마주침을 경험할 수 있어야 한다. 오멜라스 사람들의 자족적 쾌락이 아닌, 공생공락의 쉼을 위하여.

마주침의 공터, 즉 헤테로토피아는 소비와 유통, 분리와 통제가 중요한 자본주의 도시가 지향하는 공간 질서와는 잘 맞지 않는다. 그래서 오히려 다른 무언가를 시도하고 창조하는 것이 가능하고, 우연한 마주침이 가능하다. 어쩌면 서문에서 언급한 누구나 편히 앉을 수 있는 '의자'가 그런 헤테로토피아일지도 모른다. 헤테로토피아에서는 부딪침과 동시에 환대가 넘치고, 차별이 아닌 우정을 중요하게 여긴다. 헤테로토피아는 '다름'의 가능성, 수평적 토론, 새로운 사유를 통해 현재의 공간 질서는 물론이고, 사람들의 일상을 새롭게 변화시키는 운동의 힘을 가진다. 뚜렷한 목적과 중심이 물 샐 틈 없이 꽉 차 있는 장소들과 달리, 새로운 주체와 실천이 끊임없이 창조될 수 있는 실험적 장소다.

새로운 리듬의 변주,
'정지 운동'

영국 출생의 지리학자 데이비드 하비David Harvey는 이소토피아의 중심성을 대체하는 새로운 중심성이 탄생하는 헤테로토피아의 대표적 사례로 21세기 초엽 카이로, 마드리드, 아테네, 바르셀로나, 뉴욕 등에서 나타난 광장 점거와 같은 새로운 정치 형태들을 제시한다. 우리나라의 경우, (비극적이지만) 민주주의의 새로운 중심성을 만들어낸 1980년 5월 광주 금남로의 해방구, 21세기 대한민국 민주주의 역사를 다시 쓰기 시작한 광화문 광장 등이 민주주의를 회복하고 비민주적 정치권력의 리듬을 멈추는 '정지 운동'의 진원지이자, 새로운 권리 담론을 탄생시키고 연결하는 대표적인 헤테로토피아다.

홍대 앞 칼국수 식당 두리반, 명동 카페 마리, 한남동

테이크아웃드로잉, 서촌 궁중족발, 공덕역 경의선 공유지, 인천 동구 배다리 마을, 홍성에서 움트는 공동체 은행 '빈고', 영등포 비정규직 노동자의 쉼터 '꿀잠'의 도전, 지하철과 버스 터미널 위에서 실천하는 장애인들의 이동권 투쟁, 제주 제2공항 건설 반대를 위한 제주도민들의 도청 앞 천막 투쟁, 성적 차별과 혐오에 맞서는 성 소수자들의 축제, 전 세계 곳곳에서 투기적 도시화에 반대하는 점거와 저항의 도전을 보자. 이 도전들은 단순히 공간을 점거하는 운동에 그치지 않는다. 전 지구적 노동분업 질서와 행성적 도시화, 사적 소유권과 개인주의적 삶이 강요하는 리듬을 멈추자는 '정지 운동'이고, 부딪침이었다.

이 도전들은 헤테로토피아의 창조적 활동이자, 더 자유롭고 평등한 대안적 삶의 방식들을 실험하고 그 경험과 권리를 확산하는 과정이다. 노동현장을 공론장으로 만들고 배달 플랫폼 노동자들이 연대할 수 있도록 하는 유니온 운동, 대공장과 전문 R&D시스템 및 지적 재산권과 특허에 기반한 글로벌 제조업을 벗어나 지역 차원에서 시민들의 자율적 제조와 사회적 삶을 형성하려는 메이커 운동, 기술지체 상황에서도 지역사회의 삶의 질을 높이고 자연과 공존할 수 있도록 그리고 필요한 제품을 저렴하고 쉽게 제작해 오래 사용할 수 있도록 지원하는 적정기술 운동, 팹랩과 같은 생활공간 속 시민제작 운동, 온라인을 통해 확산하는 지식공유 운동이 자본주의적 생산의 전통적 리듬을 흔들고 있다. 마을 주민들의 지역화폐 실험, 지배적 이동 수단이 된 자동차 문화가 만든 차별과 환경 파괴에 맞서 걷고 뛰고 자전거를 타며 거리와 삶의 생태계를 바꾸고자 하는 도전, 탄소 제로를 지향하는 지역 자원순환 경제와 다양한 형태의 사회적 경제, 새로운 문명과 사유의 가능성을 만드는 창조적 축제가 새로운 미래를 상상하는 실천들이다. 이 실천들이 서로 연결되는 개방적 장소들이 헤테로토피아가 될 수 있다.

쉬고 싶다. 어지럽고 조갈도 심하고 다리 힘도 별로 남아 있지 않다. 그늘진 나무 밑이면 더욱 좋지만 이젠 그늘이 아니어도 괜찮다. 손 그늘로 얼굴을 그을리는 볕만 가릴 수 있어도, 그리고 땀이 뒤통수에서부터 목덜미를 타고 내려와 등을 다 적시지만 잠시 걸터앉을 곳만 있어도 다행이다. 잠시 아무 곳에 쓰러지듯 주저앉아 쉬고 싶은 생각이 간절하지만, 용기 내어 털썩 주저앉기가 쉽지 않다. 급속히 증가하는 피로감을 인정하면 안 된다는 생각이 맘속에서 솟아오르기 때문이다.

- "지금이 쉴 때니?"
- "쉴 거 다 쉬면서 어떻게 제시간 안에 할 수 있겠니?"
- "남들 열심히 하고 있는 거 안 보여?"

- "이리 게으르고 약해 빠져서 남들 하는 거 반이라도 따라갈 수 있겠어?"
- "나중에 후회하지 말고, 지금 힘내서 마저 하자고."

쉬고 싶어도 불안함 때문에 쉴 수가 없다. 지금은 쉴 때가 아니라 오히려 그런 마음을 이겨내야 할 때라는 생각이 우리를 지배한다. 다리와 발이 아프고, 현기증이 나고 숨이 가빠도 불안감과 두려움 때문에 쉴 수 없었다. 결국 지금 쉬지 않으면 더 큰 대가를 치르겠구나 하는 생각이 들었을 때에야 털썩 주저앉고 만다. 이런 쉼은 사회가 강제하는 리듬에서 벗어나거나, 자율적으로 새로운 리듬을 만드는 것이라고 볼 수 없다. 내 의지와는 상관없이 나를 지배하는 리듬에 무너졌을 뿐이다.

앉아 있으면서도 불안감은 사라지지 않는다. 쉬는 동안 목적지를 향해 한 걸음 더 가고 있는 사람들의 모습이 머릿속을 떠나지 않는다. 승자독식. 경쟁에서 패배한 사람에게는 다시 돌아갈 길도 목적지도 없는 냉혹한 현실 속에서 쉬는 것은 쉬는 게 아니다. 패자가 되지 않기 위한 경쟁의 또 다른 연장일 뿐이다.

그런 불안감 속에서 무더운 한여름 땡볕으로 이마에 맺힌 땀방울이 흘러내렸을 때, 유년 시절의 작은 기억 하나를 끌어올렸다. 때로는 소소하지만 좋았던 기억이 현재의 나를 버티게 한다고 믿기 때문이다.

초등학생 시절 여름방학, 무더운 오후의 땡볕에서 친구들과 신나게 뛰놀았을 때도 온몸은 땀으로 범벅이 되었다. 수돗물에 목을 적시는 촌각도 아까울 정도로 우리는 모래밭 학교 운동장 한가운데서 볕에 타면서도 지치고 지치도록 놀았다. 그때는 지금과 달리 불안하지 않았다. 허기가 느껴지고, 넘어져 무릎에 상처가 나고, 목과 팔뚝에 땟국이 잔뜩 껴 있어도 마냥 즐거웠다. 해질녘 지친 몸을 이끌고 집에 갈 때도 발걸음은 놀러 뛰어나가던 아침과 다르지 않았다. 유년 시절 맘속에는 항상 어떤 믿음이 있었기 때문이다.

아무리 배고파도, 아무리 조갈이 심해도, 아무리 무릎에 상처가 나고, 온몸이 땟국물로 범벅이 되어도 집에 가면 다 해결될 테니까 말이다. 아침에 엄마가 일 나가시기 전 부지런히 해놓으신 감자볶음과 어묵조림, 그리고 내가 좋아하는 카레가 나를 기다리고 있을 것이다. 몸이 아무리 더러워져도 세숫대야에 물을 받고 목에 수건을 둘러주신 후 나와 마주 앉은 채 얼굴 곳곳, 귓불과 턱 아래 목덜미 때까지 그 거친 손으로 싹싹 씻겨주시던 엄마. 날 일으켜 세워 당신의 어깨에 손을 잡고 서 있으라 하시면서 한 발씩 내 발을 들어 발가락 사이와 발뒤꿈치, 간지럼을 타는 발바닥을 박박 씻겨주시던 엄마가 기다리고 있었다.

가끔 일찍 퇴근하시는 날에 해주신 것이지만 내 기억은 매일 있었던 일 같다.

누룽지가 약간 섞인 찬밥을 솥에서 한 주걱 듬뿍 국그릇에 푼 다음 그 위에 살짝 데운 카레를 몇 국자 올려주셨는데, 김치와 마늘장아찌를 함께 먹으면 그야말로 왕후장상의 밥상이 부럽지 않았다. 어젯밤 끓여 커다란 주스 유리병에 담아 놓은 냉장고의 시원한 보리차 한 잔이면 한낮에 기승을 부리던 무더위도, 부딪히고 넘어져 생긴 상처와 멍도 다 기억에서 없어졌다. 바싹 마른 하얀 속옷과 까칠까칠한 여름 잠옷으로 갈아입고 조금 전 엄마가 쳐준 모기장으로 들어가면, 그리고 방 한쪽 구석 사기 접시 위에서 흰 연기를 피우는 모기향의 향내가 퍼지면, 세상 그 어떤 것으로부터도 완벽하게 보호받는 기분이 들었다. 난 엄마 품에서 편히 쉴 수 있었다.

노을을 등지고 집으로 향하던 유년 시절의 기억에는, 모든 것을 다 준비하고 날 기다리는 '엄마'가 있었다. 그것은 엄마에 대한 믿음이었다. 엄마에게만 가면 아무런 불안함도 느끼지 않고 편히 쉴 수 있다는, 엄마에게는 그런 것을 기대하고 요구해도 된다는. 달리 보자면 엄마는 자식들을 위해 희생해야 한다는 사회적 통념이 지배하던 시절이었다. 그럼에도 다 큰 어른이 가끔 힘들 때 유년 시절의 엄마를 떠올리며 그리워한다는 것은 어쩌면 엄마의 존재보다는 그 '믿음'의 순간들 때문이었을지 모른다.

'엄마'가 아니어도 좋다. 다른 가족 그 누구여도, 전혀 모르는 이방인이어도 지금의 피곤함을 잠시라도 함께 나누고 풀 수 있는 사람이라면 유년 시절의 엄마, 친구, 연인이 될 수 있다. 다시 내일 이 피곤함이 똑같이 반복되어도 온전하게 쉴 수만 있다면, 오히려 피곤함은 쉼의 절정을 위한 전주곡이자 삶의 리듬을 변주시킬 자유의 한 부분이 될 것이다.

그러한 믿음에서 편안한 쉼의 리듬과 커먼즈의 회복을 위한 움직임으로 한 걸음 나아가야 할 때다. 이제 내가 만날 사람들과는 특권을 두고 경쟁하는 전쟁 같은 삶이 아니라, 숲을 이뤄 공생하는 관계가 되어 함께 호흡해야 한다. 학교에서, 직장에서, 우리가 살아가는 곳에서 서로 총을 겨눈 채 살아가지만, 사실은 모두 총을 내려놓는 것이 가장 평화롭고 행복한 삶임을 안다. 하지만 우리가 사는 세상에서 총을 먼저 내려놓는 이는 없다. 이제 나부터 총을 내려놔야 할 것 같다. 아니, 벌써 많은 사람이 다른 이들을 향해 겨눈 총부리를 진작 내려놓고 자유로워진 손발로 춤을 추며 새로운 삶을 살고 있을지 모른다. 그럼에도 여전히 총부리에 둘러싸인 채 살아간다는 환영에서 빠져나오지 못하는 것은 아닐까. 이것이 현명한 노동이라고 착각하면서.

전장 밖을 상상하기 위해 나부터 과중한 삶의 리듬을 중단하는 용기를 가져야겠다. 착각과 중독 속에서 반복되는 노동의 피로감으로부터 벗어나기 위해 일을 잠시 멈춰 보자. 적어도 왜 이렇게 무의미한 경쟁에서 벗어나지 못하는지, 매일매일 반복되는 노동이 과연 자신을 위한 것인지에 대해 알기 위해서 우리 모두에게는 잠시 멈춰 설 수 있는 '정지 운동'이 필요하다. 정지停止와 운동運動은 모순되는 양태로 보인다. 하지만 정지는 관성이 작용하는 힘에 대한 반작용이기 때문에 기존 힘의 크기와 방향에 대한 대항 운동이 된다. 불안과 고통, 착각과 과잉을 확산하는 현재의 리듬과 속도를 멈추기 위해, 우리를 일방적으로 끌고 가는 힘에 대항하기 위해 '정지 운동'이 필요하다. 과중한 경쟁과 무리한 노동은 죽음과 같은 삶을 강요할 뿐이다. 이제 여기서 벗어날 '정지 운동'을 시작할 때다.

정지하고 나서 무슨 일이 생길지, 무엇을 할 것인지 미리 걱정할 필요는 없다. 다가올 일을 예측하지 못하고, 준비하지 못하는 것은 쉬지 않고 달려온 삶 속에서 그럴 시간을 가질 수 없었기 때문이다. 어쩌면 당연한 일이다. 운행 중인 차에서 문제를 발견했다면 일단 차를 멈춰 세워야 한다. 차를 세우면 내릴 사람은 내리고, 차에 남아도 된다면 남을 사람은 남을 것이고, 차를 고칠 사람은 고치려 들 것이다. 대체할 차가 없다고, 대안이 없다고 멈추지 않고 그냥 달리는 것은 바보짓을 넘어 미친 짓이다. 달리는 차에서 이상을 느꼈다면 일단 차를 세워야 한다. 함께 사는 이곳에 문제가 있다면 사회의 작동을 잠시 멈출 줄 알아야 한다. 모두 함께 멈출 수 있는 '정지 운동'이 필요하다. 가장 큰 문제는 달리는 차량을 멈출 수 있는 브레이크, 즉 내부 제동장치가 제대로 작동하지 않는 것이다. 정지 기능이 없는 영원한 운동 상태.

지금의 리듬을 멈추고, 정지하려면 그만큼의 힘이 필요하다. 그 리듬이 혼자만이 아닌 이 사회를 살아가는 수많은 사람을 움직이는 만큼, 이 리듬을 멈추고 내가 정지하기 위해서는 나 혼자의 힘만으로는 부족하다. 그렇다고 해서 지금 당장 나와 함께 이 강력한 리듬을 멈추기 위해 힘을 모으자고 말할 누군가를 찾기도 쉽지 않다. 어느 누군가는 나를 이상한 사람, 아니 자신의 행복한 리듬을 파괴하려는 적으로 몰아세울지도 모른다는 두려움도 생긴다. 멈추는 힘은 새로운 방향을 전제로 하는 것이 아닌, 지금 우리를 밀고 가는 힘에 대한 대항이기에 어떤 방향이나 지도력을 먼저 내세우는 것은 성급할 수 있다. 정지 운동을 위해 지금 필요한 행동은 우리를 소비와 부채, 경쟁과 소외, 착각 노동과 과잉 노동, 그리고 죽음으로 밀어붙이는 어떤 힘의 속도와 방향에 불안과 고통을 느끼는 사람들과 더 자주 마주치는 것이고, 더 가깝게 공감하는 것이다.

지금 멈추지 않는다면, 이 엄청난 관성의 힘 속에서 그 어떤 새로운 상상도 하기 힘들어질 것이다. 이 힘을 멈추고자 할 때, 우리는 삶의 존엄성, 커먼즈, 진정한 쉼에 대해 자유롭게 이야기를 나눌 수 있을 것이다. 정지 운동이 필요한 이유다. 그 시작은 누구나 쉬어갈 수 있는 작은 의자를 마을 곳곳에 설치하자는 요청일 수도 있다. 행복한 마을기업, 든든한 공동체 은행이나 의료생활협동조합, 신나는 도서관을 만들자는, 기후 위기에 맞선 탄소 제로와 제로 웨이스트 운동에 동참하자는 권유일 수도 있다. 무너진 가족을 대신할 위로와 돌봄의 공동체를 함께 만들자고, 삶을 무겁게 하는 저 짐들을 그저 별것 아닌 것으로 만들 어떤 멋진 축제판을 벌이자고, 우리의 이야기를 전하고 경쟁과 차별이 아닌 우정과 환대의 세상을 위한 정치를 시작하자고 건네는 제안일 수도 있다.

이 공감과 실천을 위해 주저할 이유는 없다. 그 주저함 때문에 정작 멈춰 세우고 정지할 기회를 놓치면, 파도에 휩쓸리듯 다시 저 리듬에 허겁지겁 끌려다니게 될지도 모른다. 정지 운동의 힘을 모으기 위해, 그리고 더 자유롭고 평등한 커먼즈의 상상을 위해 마주침의 공터로 나아가자. 오리엔트 특급처럼 질주하면서 생명을 돌보지 않는 사회, 그 속에서 부채의 늪과 과로와 착각 노동을 시시포스처럼 반복하도록 강요하는 저 불안한 리듬이 지금 우리에게 어떤 비극을 덧씌우고 있는지를 기억하자. '살려달라'는 절규에 '기다리라'는 무책임한 대꾸를 하는 것이 아니라, 함께 저 리듬을 멈추자고, 우리의 빼앗긴 쉼을 되찾고 생명을 돌볼 수 있는 힘을 키우자고 손을 내밀자.

거리로 나간
수많은 바틀비가 만들 세상

미국의 소설가 허먼 멜빌 Herman Melville의 단편소설 「필경사 바틀비」에서 주인공은 "안 하는 편을 택하겠습니다"I would prefer not to라고 말하며 자신을 고용한 변호사의 명령을 하나둘 거부한다. 바틀비의 선택은 자신과 변호사의 관계, 그가 일하는 사무실의 공간적 의미, 그리고 형사처분의 무게를 다 비틀어버렸다. 이것은 우리를 지배하는 리듬을 아무것도 아닌 것으로 만들고, 이 리듬에서 벗어나고자 하는 용기 있는 자유의지의 실천처럼 보일 수 있다. 어쩌면 바틀비의 "안 하는 편을 택하겠습니다"라는 거부 행위는 그가 삶에서 유일하게 행사한 자유의지였을지도 모른다. 소설의 배경인 당시 월스트리트 지역에서 그런 행동을 하기 위해서는 큰 용기와 결심이 필요했을 것이다.

안타깝게도 바틀비의 거부 행위는 개인 차원에 머물고, 새로운 시작을 의미하는 운동 차원으로 나아가지 못했다. 부랑자 수용소에 갇힌 바틀비는 끝내 식사마저 거부하고 죽음을 맞이한다. 마찬가지로 알베르 카뮈가 제시하는 반항만으로는 삶의 부조리를 극복하기 어려울 것이다. 우리의 정지가 바틀비의 최후가 아니라 진짜 사는 것 같은 삶으로 이어지기 위해서는 정지停止와 운동運動을 결합해야 한다. 혼자가 아닌 '함께' 이를 실천할 때 비로소 커먼즈에 대한 상상과 실천을 연결할 수 있다.

더 많은 마주침을 만들자. 일상의 반복되는 리듬에 의한 형식적 만남이 아닌, 자유롭고 우연하며 그래서 새로운 마주침을 만들자. 거리로 나가고, 광장으로 향하자. 큰 환호성이 울리고 슬픔과 애통함이 넘쳐나는, 쫓겨나고 억울한 자들이 있는 곳으로 찾아가자. 소비 중독과 착각 노동에서 벗어난, 혹은 벗어나도록 하는 낯설고 이질적인 마주침의 사건을 만들자. 여기서 사람들은 서로 경청하고, 말하고, 상상하고, 기록하고, 공감하고, 집단지성을 키우는 등 수많은 생성적 힘을 경험할 수 있을 것이다. 이 힘이 오멜라스를 떠나기 전에 지하실에서 신음하는 아이의 손을 잡고 나올 수 있는 힘이 되지 않을까? 나와 당신이, 우리가 그렇게 마주침을 만들 수 있다면, 그런 마주침이 하나둘 더 많은 마주침으로 뻗어나갈 수 있다면, 그 새로운 마주침의 장소가 쉼을 위한 장소가 될 수 있지 않을까? 수많은 마주침과 쉼의 장소가 연결된 곳이 바로 우리의 쉼의 공간이 되지 않을까?

군이 오멜라스를 떠나지 않아도, 지하실에 갇힌 아이를 찾아가 빗장을 풀고 아이를 안고 나오는 그 마주침의 사건만으로 우리는 오멜라스 안에서 새로운 쉼의 공간을 창조할 수 있을 것이다. 바틀비가 한 명이 아닌, 마주침을 통해 만난 수백 수천 명이라면, 바틀비가 명령을 거부한 그 자리에서 새로운 정치를 상상할 수 있다. 쉼을 회복하고자 하는 수많은 바틀비는 새로운 선언을 당당하게 외칠 수 있다. 그렇게 마주치고, 서로의 경험과 지식을 나누고, 기쁨과 슬픔에 공감하고 서로를 연민할 수 있다면, 우리는 세상살이의 무거운 리듬으로부터 벗어나 우리가 사는 이 땅의 풍경과 향기와 감촉을 바꿀 수 있을 것이다. 새로운(사실은 빼앗긴) 쉼을 상상하고, 커먼즈와 헤테로토피아를 창조하고 연결하는 실천을 바로 지금 시작하자. 죽음과 불안을 강요하고 우리의 삶과 생명을 보호하지 않는 사회의 리듬에 맞서 정지 운동을 실천하자. 빼앗긴 자유와 존엄성을 되찾아오자. 레퀴에스코 에르고 숨 ^Requiésco ergo sum. 나는 쉰다, 그러므로 존재한다.

책을 끝내면서 두 가지 사실을 고백하고 싶다. 먼저 이 책을 쓰면서 매우 힘들었다는 점을 말하고 싶다. 물론 글을 쓴다는 것은 무척 힘든 일이다. 그래도 책을 쓸 기회가 주어졌다는 것은 작지 않은 행복이다. 정작 책을 쓰면서 진짜 힘들었던 이유는, 이 책에서 표현된 '우리' 또는 '사람들'이 사실 '나' 자신이었다는 데 있다. 이 책에서 내가 제시한 현대인의 우울함, 불안, 소비 중독, 자기계발, 착각 노동과 같은 현상은 나와 무관하거나 그저 관조적으로 관찰한 것들이 아니다. 이 책은 나부터 그것들에 찌들어 있는 상황 속에서 쓴 자전적 독백이다. 그래서 나 자신에 관한 이야기를 (마치 남의 이야기인 것처럼) 써내려간다는 것이 버거웠다. 다른 한편으로 이 책을 쓰면서도 해마다 금연을 반복하고 실패하는 흡연자처럼 소비 중독, 착각 노동, 자기계발 등에서 빠져나오지 못하고 있다는 사실이 나를 힘들게 했다. 나도 빠져나오지 못하고 있는데 책을 통해 독자들에게 빠져나오자고 말하는 것이 일종의 위선이나 기만이지 않을까 하는 양심의 가책이 내내 마음 한켠에 있었다. 이런 점들이 너무 힘들었다. 그래서 어쩌면 외로운 한 명의 바틀비로 남기보다는 나와 같은 수많은 비틀비를 만나고 싶은 마주침의 기적을 바라는지도 모르겠다.

또 다른 하나는 수년 동안 이 책을 쓸 수 있도록 믿고 기다려준 돌베개 출판사 편집부 김진구 님에 대한 감사다. 보통 이런 말은 책 말미에 간단히 덧붙이는 의례적인 표현이지만, 내가 하고 싶은 말은 김진구 님의 지난 수년간 기다림과 격려가 지친 내 삶을 버티게 하는 데 큰 힘이 되었다는 것이다. 이 책이 독자들에게 얼마만큼 다가갈 수 있을지 모르겠지만, 적어도 나에게만큼은 이 책의 마무리가 비로소 온전한 쉼을 회복할 수 있는 '정지 운동'의 또 다른 계기가 되었다. 편집자 김진구 님은 (지나친 비유일지 모르겠으나) 사건을 추리한다는 평계로 온갖 난리법석을 떠는 셜록 홈즈를 옆에서 굳건히 믿어주고 지원한 왓슨 박사처럼 나를 격려하고, 많은 정보를 주고, 기회를 마련해주었다. 난 김진구 님이 왓슨 박사보다 더 대단하다고 생각하는데, 내가 셜록 홈즈도 아니고 뭘 해낸 것도 아님에도 불구하고, 내가 이 책을 마무리하기까지 내내 곁을 지켜주었기 때문이다. 결국 나는 글쓰기를 포기하지 않을 수 있었고, 이 책 자체를 하나의 '정지 운동'으로 만들 수 있었다.

여러 어려움이 있었고 마무리가 불가능할 것 같았지만, (김진구 님의 도움으로) 마침내 이 책을 쓸 수 있었다. 그리고 차 한잔 달랑 주문해 몇 시간 동안 테이블 하나를 독차지하고 앉았어도 편히 글을 쓸 수 있도록 정체불명의 낯선 나를 언제나 환대해준, 오랜 시간 내 '의자'와 같았던 우리 동네 Square 카페를 만나지 못했다면 글쓰기는 훨씬 더 어려웠을 것이다. 나의 생각을 출판을 통해 많은 사람들과 공유하고자 한 까닭은 나 스스로 중독된 삶으로부터 빠져나와 내가 추구하는 '쉼'의 세계로 들어가고 싶기 때문이다. 많은 제약이 있었지만 나는 여러 소중한 도움 덕분에 내 자유를 발휘하였고, 끝까지 포기하지 않았다.

우리를 쉬게 할 의자는 무엇이고, 어디에 있을까? 그 의자에 앉아 우리는 무슨 생각을 하고, 어느 곳을 바라볼 것인가? 그 의자에서 혹은 쉼의 장소에서, 우리에게는 어떤 마주침의 가능성이 열려 있을까? 이 책이 독자들에게 비싼 고급의자는 아니더라도 잠시 쉬어갈 수 있는 편한 의자로 곁에 남기를 바란다. 나도 이 의자에서 사랑하는 내 가족, 동료들과 함께 앉아 쉬고 싶다.